金融文化研究

（第四辑）

长春金融高等专科学校
吉林省金融文化研究中心 编

中国财富出版社

图书在版编目（CIP）数据

金融文化研究．第四辑／长春金融高等专科学校，吉林省金融文化研究中心编．—北京：中国财富出版社，2019.3

ISBN 978－7－5047－6878－0

Ⅰ．①金…　Ⅱ．①长…　②吉…　Ⅲ．①金融—文化研究—中国　Ⅳ．①F832

中国版本图书馆 CIP 数据核字（2019）第 037861 号

策划编辑　王　君　　**责任编辑**　张冬梅　王　君

责任印制　梁　凡　郭紫楠　　**责任校对**　孙会香　卓闪闪　　**责任发行**　董　倩

出版发行　中国财富出版社

社　　址　北京市丰台区南四环西路 188 号 5 区 20 楼　　**邮政编码**　100070

电　　话　010－52227588 转 2048/2028（发行部）　010－52227588 转 321（总编室）

010－52227588 转 100（读者服务部）　010－52227588 转 305（质检部）

网　　址　http://www. cfpress. com. cn

经　　销　新华书店

印　　刷　北京九州迅驰传媒文化有限公司

书　　号　ISBN 978－7－5047－6878－0/F·3000

开　　本　710mm×1000mm　1/16　　**版　　次**　2019 年 5 月第 1 版

印　　张　13.25　　**印　　次**　2019 年 5 月第 1 次印刷

字　　数　238 千字　　**定　　价**　42.00 元

编委会

前言

金融文化作为我国社会主义文化的重要组成部分，是国家软实力的重要内容。从文化的视角看金融，有助于我们了解一国金融发展的历史、现状和未来。

我国的金融文化深深根植于我国核心的价值体系，蕴含着许多积极和先进的因素，具有鲜明的民族性、时代性、开放性。在过去的30多年中，我国金融业持续快速健康地发展，具有中国特色的社会主义金融文化逐步形成，并成为金融行业凝聚力和创造力的重要源泉，成为综合竞争力的重要因素。与其他文化一样，金融文化具有丰富的内涵以及广泛的影响力和渗透力，并在很大程度上决定着人们的价值取向和行为。在全球经济金融一体化和后金融危机的大背景下，我们有必要以社会主义核心价值观为指导，加强金融文化建设，对先进的金融文化进行挖掘、总结、提炼并加以弘扬。

为了深入开展金融文化研究，吉林省教育厅人文社会科学重点研究基地——吉林省金融文化研究中心，邀请省内其他院校的专家、学者参与，并在长春金融高等专科学校相关专业有一定建树的教师中征集主题相符、水平较高的研究论文、研究报告，编辑了《金融文化研究》（第四辑）。针对国内外金融热点、金融文化问题、金融制度问题，进行多方面、多层次的研究，提出了有针对性、可操作性强的对策和建议，为政府有关机构、金融行业有关部门以及企业的决策提供有益的参考。

《金融文化研究》编委会

二〇一八年十一月

目录

大兴安岭南麓片区

——内蒙古自治区、黑龙江、吉林三地国家级贫困县普惠金融发展情况调研报告

学　　校：长春金融高等专科学校
院　　系：金融学院
团队成员：王佳洋 等
指导教师：吕鹰飞 等

1　调研情况简介

2005 年，联合国首次提出的普惠金融（Inclusive Finance）这一概念，是指以可负担的成本为有金融服务需求的社会各阶层和群体提供适当、有效的金融服务，小微企业、农民、城镇低收入人群等弱势群体是其重点服务对象。普惠金融立足于机会平等要求和商业可持续原则，以可负担的成本为有金融服务需求的社会各阶层和群体提供适当、有效的金融服务。当前，国际社会发展普惠金融虽已取得一定成绩，但仍有不足。2016 年在杭州召开的 G20 峰会（二十国财政部部长和中央银行行长会议）上，普惠金融被列为重要议题之一，有三个关于普惠金融的重要文件被提交给峰会讨论。普惠金融重视消除贫困、实现社会公平。大力发展普惠金融，是我国全面建成小康社会的必然要求，有利于促进金融业可持续均衡发展，推动“大众创业、万众创新”，助推经济发展方式转型升级，增进社会公平和社会和谐。

党中央、国务院高度重视发展普惠金融。党的十八届三中全会明确提出发展普惠金融。2015 年《政府工作报告》中提出，大力发展普惠金融，让所有市场主体都能分享金融服务的雨露甘霖。为推进普惠金融发展，提高金融服务的覆盖率、可得性和满意度，增强所有市场主体对金融服务的获得感，国务院特别制定了普惠金融发展规划。基于此，我们每年坚持进行普惠金融调研，调研参与人数越来越多，调研范围逐步由省内扩大到省外，调研的影响力越来越大。

1.1　调研目的

为了深入了解内蒙古自治区、黑龙江、吉林三地国家级贫困县的普惠金融发展情况，总结三地在普惠金融创新实践方面的经验，为国务院制定普惠金融发展规划和“金惠工程”项目提供翔实的基础数据，受金融教育基金会委托，长春金融高等专科学校共派出三支队伍，于 2017 年 6 月和 7 月赴三地乡镇进行普惠金融调研。本次调研涉及范围广、影响力大、专业性强，调研团队经过10余天的共同努力，获得了大量一手资料，调研结果真实可信，具有代表性。调研旨在了解三地普惠金融的发展情况，从基层实践角度出发，关注农民享受金融服务的情况，结合在小额信贷、残疾人、低收入人群等金融服务方面的经验，总结被调研地区普惠金融服务方面的情况、存在的问题，并提出有针对性的对策和建议。

1.2 调研团队构成

本调研团队由37人组成，包括7名专业教师和30名学生，调研团队成员及任务分工见表1。

表1　　调研团队成员及任务分工

团队成员	姓名	所在单位或班级	任务分工
教师	吕鹰飞、张文娟、张亦滩、李牧航、耿传辉、王　帅、柳明花	金融学院	组织调研活动，指导学生撰写调研报告
学生	王佳洋	国际金融1502班	一组组长，组织团队成员完成问卷调研任务
	秦洋洋	投资与理财1602班	二组组长，组织团队成员完成问卷调研任务
	孙家霖	国际金融1502班	三组组长，组织团队成员完成问卷调研任务
	杨　楠	证券1501班	问卷调研，数据分析
	盖宝宇	国际金融1602班	问卷调研，数据分析
	孙家玉	国际金融1601班	问卷调研，数据分析
	暴　雨	投资与理财1601班	问卷调研，数据分析
	张　松	证券1602班	问卷调研，数据整理
	吴　琪	金融管理与实务1603班	问卷调研，数据整理
	车首通	金融管理与实务1501班	问卷调研，数据整理
	宋雨瞳	国际金融1602班	问卷调研，数据整理
	赵昕阳	金融管理与实务1601班	问卷调研，数据整理

续 表

团队成员	姓名	所在单位或班级	任务分工
学生	张天舒	金融管理与实务 1602 班	问卷调研，数据整理
	王　惠	金融管理与实务 1502 班	问卷调研，数据整理
	台子宇	金融管理与实务 1502 班	问卷调研，数据整理
	杜京卫	国际金融 1501 班	问卷调研，数据整理
	孟祥红	金融管理与实务 1501 班	问卷调研，数据整理
	商　庆	互联网金融 1601 班	问卷调研，数据整理
	李天琳	证券 1502 班	问卷调研，数据整理
	王　莹	金融管理与实务 1604 班	问卷调研，数据整理
	刘　红	金融管理与实务 1605 班	问卷调研，数据整理
	范　博	金融管理与实务 1606 班	问卷调研，数据整理
	李　琨	国际金融 1601 班	问卷调研，数据整理
	郝世昱	金融管理与实务 3＋2 班	问卷调研，数据整理
	高　馨	保险 3＋2 班	问卷调研，数据整理
	卢小伟	国际金融 1601 班	问卷调研，数据整理
	黄　吉	国际金融 1502 班	问卷调研，数据整理
	潘健峰	投资与理财 1502 班	问卷调研，数据整理
	刘　璐	国际金融 1501 班	问卷调研，数据整理
	安伯惠	国际金融 1602 班	问卷调研，数据整理

1.3　调研方法

调研团队采取与当地金融机构座谈、赴调研地点深入基层开展问卷调研等方式开展调研。基层调研采取将受访地区居民集中到某一场地集中进行问卷填写和入户调研两种方式。

1.4　调研对象

普惠金融体系主张为弱势地区、弱势产业和弱势群体提供公平的金融服务和权益，因此，本次调研对象为三个省（自治区）的国家级贫困县的农村居民。调研团队在内蒙古自治区兴安盟、黑龙江省齐齐哈尔和吉林省的 8 个贫困

县共13个县开展问卷调研，共发放调研问卷2100份，收回有效问卷1969份。

2　调研区域概况

金惠工程基线调研活动在2017年6月、7月开展。长春金融高等专科学校金融学院派出三支队伍，分别于6月2日、6月3日、7月14日从长春出发，前往内蒙古自治区兴安盟突泉县、科尔沁右翼前旗（简称科右前旗）、扎赉特旗，黑龙江省齐齐哈尔市富裕县和大庆市林甸县，吉林省的8个国家级贫困县（大安市、镇赉县、通榆县、靖宇县、安图县、汪清县、龙井市、和龙市）及洮南市等地展开调研。

2.1　内蒙古自治区兴安盟调研地区概况

内蒙古自治区兴安盟调研地区分别是突泉县、科右前旗、扎赉特旗。

突泉县辖6镇3乡，总人口为30.3万人，其中农业人口为21.6万人，总面积为4889.5万平方千米，耕地面积为266万亩（1亩≈667平方米），是全国的产粮大县。

科右前旗位于内蒙古自治区东北部，地处大兴安岭南麓，总面积为1.7万平方千米，约占兴安盟总面积的31%，辖14个苏木乡镇。

扎赉特旗位于内蒙古自治区东北部，位于黑龙江、吉林、内蒙古自治区三地的交界处，总面积约为1.1万平方千米，辖7个镇、3个乡、3个苏木和1个乡级国营种畜场，总人口近40万人，其中农业人口约为32.5万人。

2.2　黑龙江省调研地区概况

黑龙江省调研地区为齐齐哈尔市富裕县和大庆市林甸县。

富裕县地处嫩江中游左岸，总面积为4026平方千米，总人口约为30万人，辖4乡6镇，90个行政村，17个少数民族聚居村，有汉族、满族、回族等25个民族，少数民族人口占总人口的4.5%。

林甸县位于黑龙江省中西部，地处松嫩平原北部，总面积为3503平方千米，耕地面积为252.14万亩，辖5镇3乡3个林牧围场，总人口约为26万人，有18个民族。

2.3　吉林省调研地区概况

吉林省调研地区为8个国家级贫困县（大安市、镇赉县、通榆县、靖宇县、汪清县、安图县、龙井市、和龙市）及洮南市。

大安市是吉林省白城市代管的县级市，位于吉林省西北部，总面积为4879平方千米，辖18个乡镇、5个街道，总人口约为43万人。

镇赉县位于吉林省西北部，辖11个乡镇，总面积为4737平方千米，总人口近30万人。

通榆县位于吉林省西部，总面积为8476平方千米，辖1个省级经济开发区，8镇8乡6个国营畜牧（林）场，总人口约为36.7万人。

靖宇县位于吉林省东南部，下辖8个乡镇，总面积为3094平方千米，总人口约为13万人，有10个少数民族。

汪清县隶属吉林省延边朝鲜族自治州，辖9个乡镇，总面积为9016平方千米，总人口约为22.17万人，朝鲜族约占26.1%。

安图县是吉林省延边朝鲜族自治州下辖县，总面积为7444平方千米，辖9个乡镇，总人口约为21万人，其中朝鲜族占全县人口总数的19.5%。

龙井市位于吉林省延边朝鲜族自治州东南部，总面积为2208平方千米，辖5镇2乡，总人口约为16.7万人。

和龙市位于吉林省延边朝鲜族自治州南部，辖8个乡镇，总人口约为20万人。

3　三地调研数据对比分析

3.1　调研地区个人情况统计

在1969位受访者中，男性为1065人，占54.09%，女性为904人，占45.91%；性别分布比较均衡（见图1）。受访者年龄基本呈正态分布（见图2）。

受访者受教育程度偏低，不识字者占8.23%；小学学历者占33.11%；初中学历者占35.75%；高中或中专学历者占16.56%；大专学历及以上者占6.35%（见图3）。这导致该地区金融产品使用率和金融知识普及率偏低。

受访者健康状况较好，身体状况不好和非常不好的仅占4.72%（见图4）。受访者婚姻状态较为稳定，已婚者占77.60%（见图5）。

受访者工作以务农为主，占71.25%（见图6）。受访者中，从事农业生产活动的绝大多数人种植粮食作物。

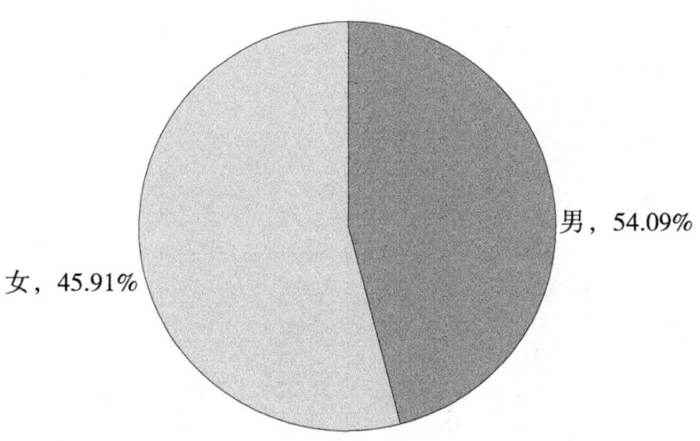

图1　性别情况

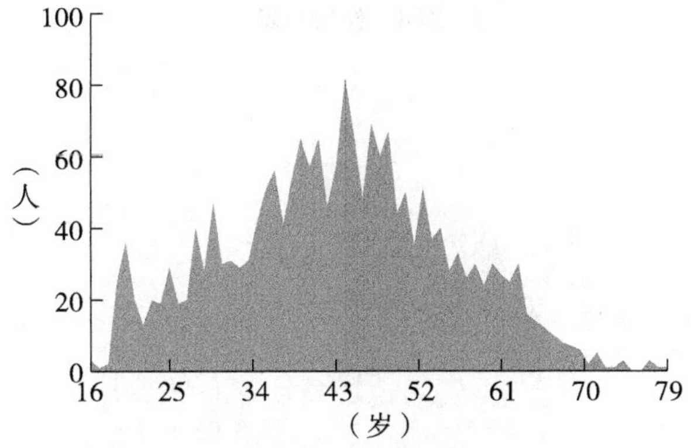

图2　年龄情况

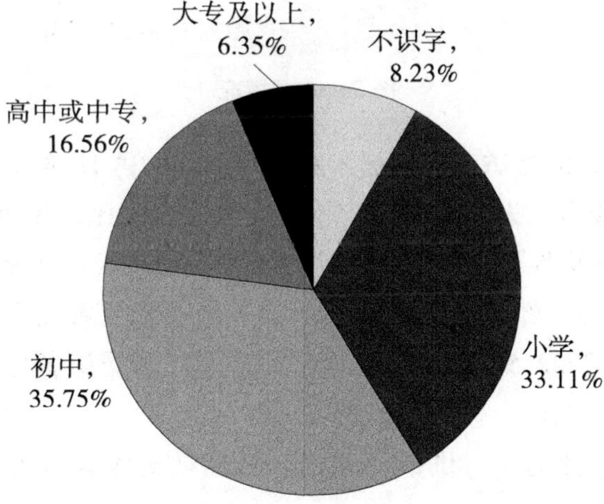

图3　受教育程度情况

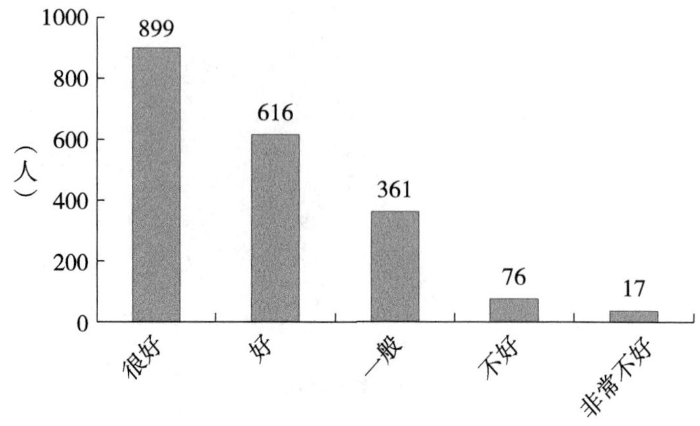

图4　健康情况

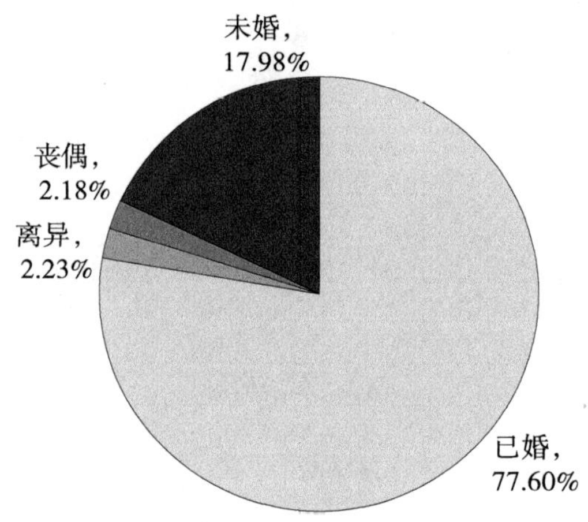

图5　婚姻情况

在1403位务农的受访者中，加入农民合作社的占18.89%。在三地中，吉林省的加入比例最高，为24.08%，黑龙江省的加入比例最低，仅为4.20%，农业集约式发展在该地区没有得到有效开展，大部分农民还是采取独门独户的耕作模式（见表2）。经过对比分析得知，吉林省加入农民合作社的受访者去年家庭总收入为62222.57元，未加入农民合作社的受访者去年家庭总收入为25515.41元，加入农民合作社能提高家庭收入水平（见图7）。已加入的农民合作社以专业合作社为主，供销社和资金互助社对农业发展的支持力度不大（见图8）。

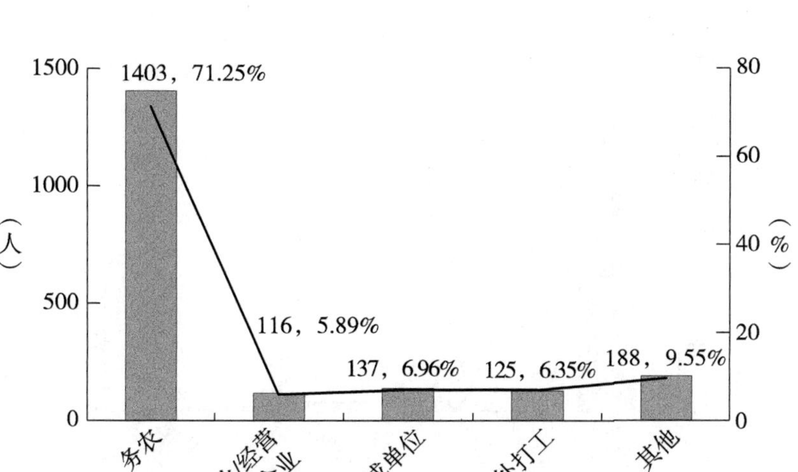

图 6　工作情况

表 2　三地受访者加入农民合作社情况　单位：人

是否加入	吉林	内蒙古自治区	黑龙江	合计
是	177（24.08%）	77（18.97%）	11（4.20%）	265（18.89%）
否	558（75.92%）	329（81.03%）	251（95.80%）	1138（81.11%）

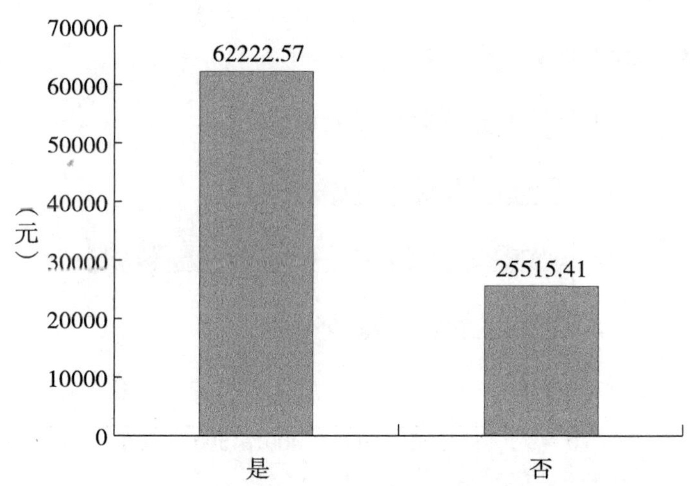

图 7　加入农民合作社对收入的影响（吉林省）

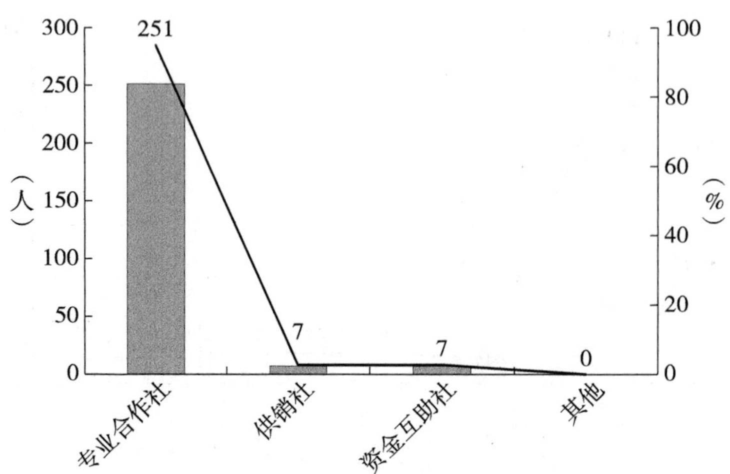

图 8　加入农民合作社的类型情况

3.2　调研地区家庭情况统计

3.2.1　基本情况

在 1969 位受访者中，受访者家庭人口数量总体均衡（见图 9）。家中无 60 岁以上老人者占 59.73%；家中无未成年人的为 921 人，占 46.78%；家中无因病因残无收入人员的占 89.23%（见表 3）。这说明大多数受访者家庭抚养负担不重。家中无人识字或只有 1 人识字的受访者占 17.47%（见图 10）。

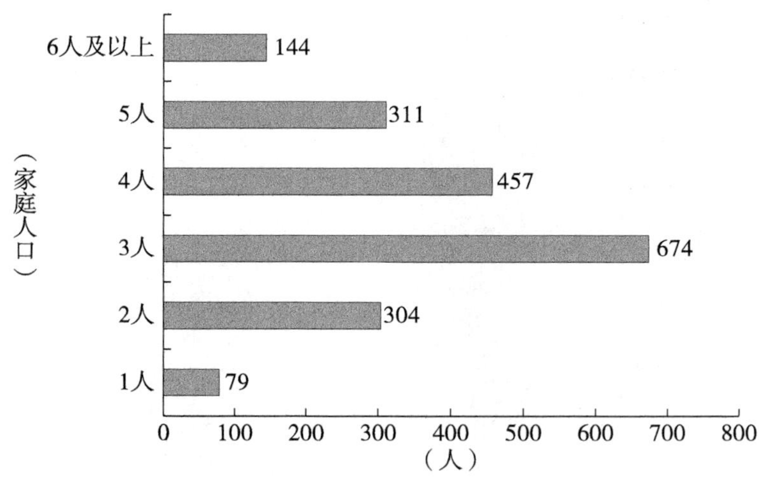

图 9　受访者家庭人口数量情况

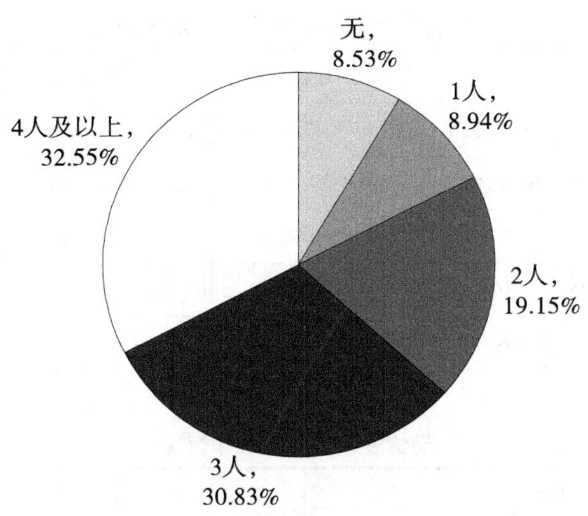

图 10 受访者家庭识字情况

表 3 **受访者家庭抚养负担情况** 单位：人

数量	60 岁以上的老人	未成年人	在校学生	因病因残 无收入人员
无	1176（59.73%）	921（46.78%）	870（44.18%）	1757（89.23%）
1 人	331（16.81%）	763（38.75%）	813（41.29%）	155（7.87%）
2 人	417（21.18%）	244（12.39%）	247（12.54%）	49（2.49%）
3 人及以上	45（2.29%）	41（2.08%）	39（1.98%）	8（0.41%）

受访者家庭成员的最高学历多为初中、高中或中专，家庭成员的最高学历为大学或大专的占 21.64%，家庭成员的最高学历为研究生及以上的占 4.88%（见表 4），这说明受访者家庭成员的受教育程度普遍偏低。

家庭成员以长期（半年以上）务农为主，有的半年以上在本地打工。除吉林省以外，受访者家中均无人在国外打工半年以上（见表 5）。吉林省受访者家庭成员出国打工的目的地主要为韩国、日本、俄罗斯和朝鲜（见图 11），打工行业以餐饮业、建筑业和农业为主（见图 12）。

3.2.2 资产情况

受访者资产情况主要包括房地产、实物资产及金融资产方面的内容（见表 6）。

表 4　受访者家庭成员的最高学历情况　单位：人

数量	初中	高中或中专	大学或大专	研究生及以上
无	692（35.14%）	1337（67.90%）	1543（78.36%）	1873（95.12%）
1 人	546（27.73%）	450（22.85%）	331（16.81%）	60（3.05%）
2 人	510（25.90%）	130（6.60%）	74（3.76%）	22（1.12%）
3 人	145（7.36%）	31（1.57%）	6（0.30%）	3（0.15%）
4 人及以上	76（3.86%）	21（1.07%）	15（0.76%）	11（0.56%）

表 5　受访者家庭成员工作情况　单位：人

工作	无	1 人	2 人	3 人	4 人以上
长期（半年以上）在家务农	587	257	873	135	117
长期（半年以上）自营工商业	1710	124	101	14	20
在本地政府机关、学校、医院等有稳定收入的单位工作	1768	120	62	3	16
半年以上在本地打工	1560	231	127	27	24
半年以上在国内外地打工	1711	148	79	17	14
半年以上在国外打工	1895	39	19	4	12

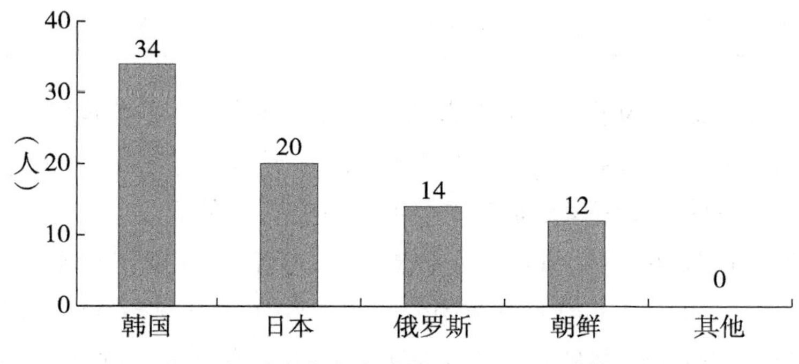

图 11　受访者家庭成员出国打工国家情况

房地产方面，有 1744 位受访者家庭拥有房屋，占 88.57%，每户家庭房屋的平均面积为 101.06 平方米，符合农村地区住房面积实际情况；有 1361 位受访者家庭承包农田，占 69.12%，每户家庭承包的农田平均为 48.60

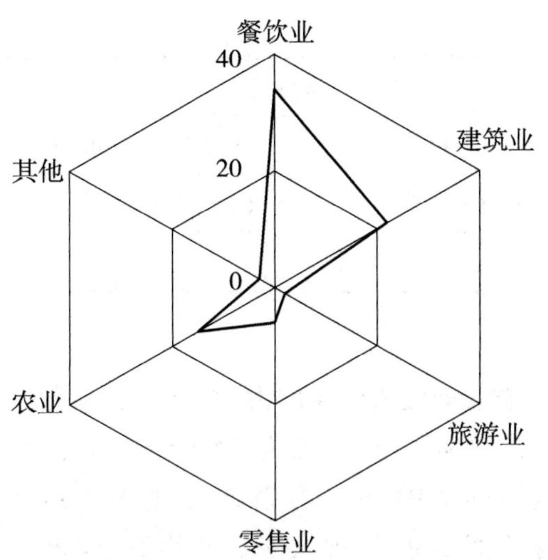

图 12　受访者家庭成员出国打工行业情况

亩；有 1082 位受访者家庭承包园地，占 54.95%，每户家庭承包的园地平均为 6.27 亩。

实物资产方面，持有农业资产的占 29.51%，每户平均值为 33441.72 元；持有工商业资产的占 5.43%，每户平均值为 87061.18 元。工商业资产的持有率偏低，这说明农村地区个体工商业和小微企业发展落后。

金融资产方面，持有银行存款的占 38.5%，每户平均值为 27723.89 元；持有现金的占 54.29%，每户平均值为 7001.70 元；持有股票、证券、基金等有价证券的占 1.98%。

表 6　受访者家庭资产情况

房地产			
类型	房屋	承包农田	园地
人数及占比	1744（88.57%）	1361（69.12%）	1082（54.95%）
每户平均值	101.06 平方米	48.60 亩	6.27 亩
实物资产			
类型	农业资产	工商业资产	机械设备、车辆、船舶
人数及占比	581（29.51%）	107（5.43%）	755（38.34%）
每户平均值（元）	33441.72	87061.18	33679.61

续 表

金融资产			
类型	银行存款	现金	股票、证券、基金等有价证券
人数及占比	758（38.50%）	1069（54.29%）	39（1.98%）
每户平均值（元）	27723.89	7001.70	70470.79

3.2.3 收支情况

收入水平方面，有农业收入的家庭占84.56%，平均值为24539.85元；有工商业收入的占15.54%，平均值为74394.57元；有工资性收入的占28.95%，平均值为33707.93元；有财产性收入的占15.49%，平均值为44028.39元；有转移性收入的占56.73%，平均值为8392.78元（见表7）。受访者的家庭收入主要为农业收入与转移性收入，这与受访者家庭成员的职业情况、资产构成情况相符，收入来源较为单一。

表7　　　　受访者家庭收入情况

类型	农业收入	工商业收入	工资性收入	财产性收入	转移性收入
人数及占比	1665（84.56%）	306（15.54%）	570（28.95%）	305（15.49%）	1117（56.73%）
平均值（元）	24539.85	74394.57	33707.93	44028.39	8392.78

获得收入的方式方面，农业收入以现金为主，工商业收入、工资性收入和财产性收入以现金和银行转账为主，转移性收入以银行转账为主，虽然银行卡刷卡、微信钱包和支付宝账户这三种方式在获得各种收入时均有使用，但使用率不高。

支出水平方面，农业生产成本支出占67.90%，平均值18789.27元；日常消费支出占比最高，为82.43%，平均值16747.62元（见表8）。这说明农业生产仍然以传统的家庭生产方式为主，相对落后且不利于现代农业的发展。通过对比我们发现，有农业雇人支出的受访者其农业收入高于无农业雇人支出受访者的农业收入（见图13）。

农业生产成本支出方面，农机农具支出的平均值最高（见表9）。

表 8　　受访者家庭支出情况

类型	农业生产成本	农业雇人	日常消费	教育	养老	医疗	交通	转移性支出
人数及占比	1337（67.90%）	177（8.99%）	1623（82.43%）	958（48.65%）	584（29.66%）	1188（60.34%）	1052（53.43%）	819（41.59%）
平均值（元）	18789.27	16881.51	16747.62	10209.16	4861.44	7168.07	2308.15	5962.47

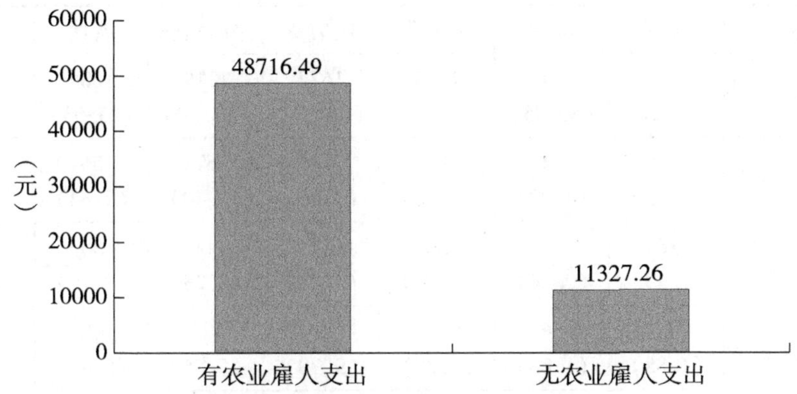

图 13　农业雇人支出与农业收入关系

表 9　　受访者家庭农业生产成本支出

类型	农机农具	饲料	种子	化肥	农药
人数及占比	1064（54.04%）	722（36.67%）	1360（69.07%）	1351（68.61%）	1317（66.89%）
平均值（元）	7848.53	3512.18	5112.93	6412.68	2420.02
最大值（元）	300000	200000	400000	300000	100000

医疗支出方面，参加农村合作医疗的占 71.2%，医疗总支出的平均值为 7793.88 元，实际支出的平均值为 5715.65 元（见表 10）。

表 10　　受访者家庭医疗支出情况　　单位：元

项目	医疗总支出	报销或减免	实际支出
平均值	7793.88	4727.76	5715.65
最大值	320000.00	150000.00	300000.00

支出方式方面，受访者最常使用的是现金与银行转账这两种传统方式（见表11）。值得注意的是，微信钱包在通信费开支、平时购物、餐饮支付和交通支付中的使用率较高，这说明数字普惠金融的概念在农村地区已有所普及。随着智能手机和支付软件的使用以及居民支付习惯的转变，农村地区在日常支出结算方式上的效率会不断提高，进一步加强金融知识及数字普惠金融的宣传很有必要。

表11　　受访者家庭支出方式情况　　单位：人，%

项目	教育	医疗	水电费	通信费	平时购物	餐饮	交通
现金	1227（62.32）	1592（80.85）	1714（87.05）	1672（84.92）	1719（87.30）	1686（85.63）	1683（85.47）
银行转账	104（5.28）	84（4.27）	98（4.98）	74（3.76）	67（3.40）	56（2.84）	47（2.39）
银行卡刷卡	36（1.83）	54（2.74）	36（1.83）	41（2.08）	44（2.23）	55（2.79）	44（2.23）
微信钱包	37（1.88）	36（1.83）	63（3.20）	191（9.70）	115（5.84）	127（6.45）	86（4.37）
支付宝账户	18（0.91）	17（0.86）	34（1.73）	52（2.64）	40（2.03）	43（2.18）	43（2.18）

3.2.4　政府补贴及银行卡使用情况

在1969位受访者中，获得政府补贴的占36.62%，平均值为18154.57元；获得综合直补的占34.48%，平均值为10289.81元；获得粮食差价补贴的占31.03%，平均值为8818.03元（见表12）。

表12　　受访者家庭获得政府补助情况

项目	政府补贴	综合直补	粮食差价补贴
人数及占比（%）	721（36.62）	679（34.48）	611（31.03）
平均值（元）	18154.57	10289.81	8818.03
最大值（元）	1426530.00	38000.00	627000.00

使用银行卡发放政府补贴时，该银行卡是受访者第一张银行卡的占81.00%，这说明政府补贴发放方式的改变大大推动了普惠金融的数字化进程。

接收政府补贴银行账户的户主为其本人的占 68.93% （见图 14）。经过对比分析得知，接收政府补贴的银行账户的户主男性占 88.51%，女性占 11.49%，这说明在家庭观念和性别鸿沟的影响下，女性拥有银行账户的比例较低。

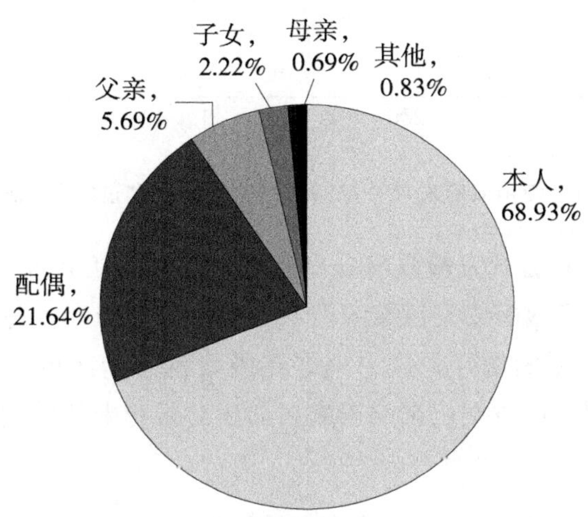

图 14　接收政府补贴银行账户的户主情况

获得政府补贴后，取出现金的占 76.56% （见图 15）。其原因之一是认为将现金取出来使用更方便。受访者家庭使用政府发放补贴所用的银行卡办理的都是传统金融业务，办理频率最高的三种业务依次为储蓄、转账和缴费（见图 16）。

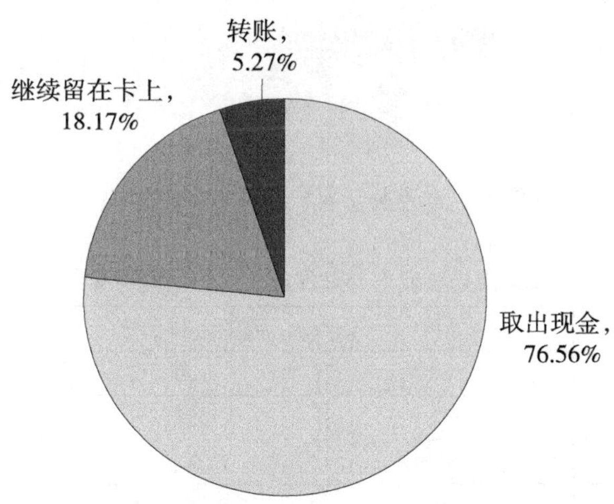

图 15　获得政府补贴后的处理方式

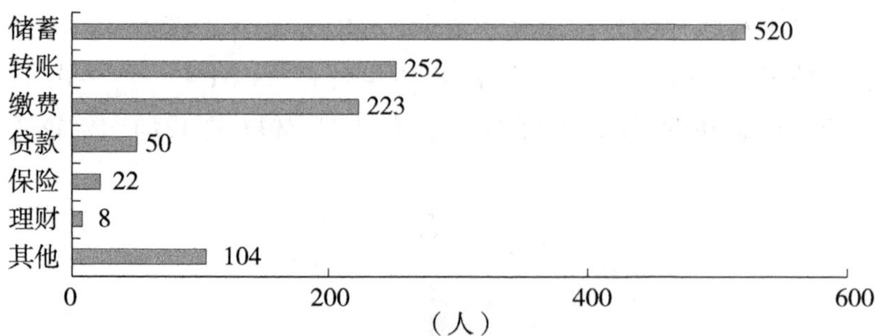

图 16　使用政府发放补贴所用的银行卡办理过的金融业务

希望未来以何种方式发放政府补贴，选择银行卡的占 48. 55%；选择现金的占 44. 49%；选择微信或支付宝的占 3. 10%（见图 17）。这说明农村居民对使用银行卡具有一定的偏好，这一偏好在内蒙古自治区调研区更为明显（见表 13）。但现金因使用方便仍影响着农村居民对银行卡的使用。

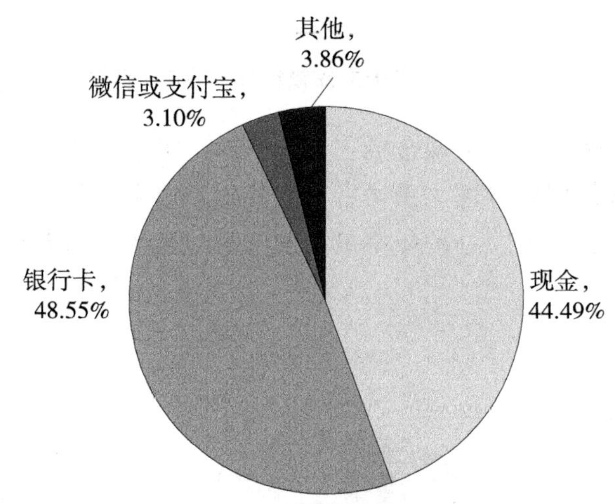

图 17　政府补贴发放方式的偏好情况

表 13　三地受访者政府补贴发放方式的偏好情况　单位：人

调研区	吉林	内蒙古自治区	黑龙江
现金	567	139	170
银行卡	471	355	130
微信或支付宝	57	1	3
其他	70	4	2

3.2.5 家庭花销情况

家庭花销决定权方面，有 1134 位受访者的决定权在本人手中，占 57.59%；有 463 人表示须家庭成员共同商议决定，占 23.51%（见图 18）。

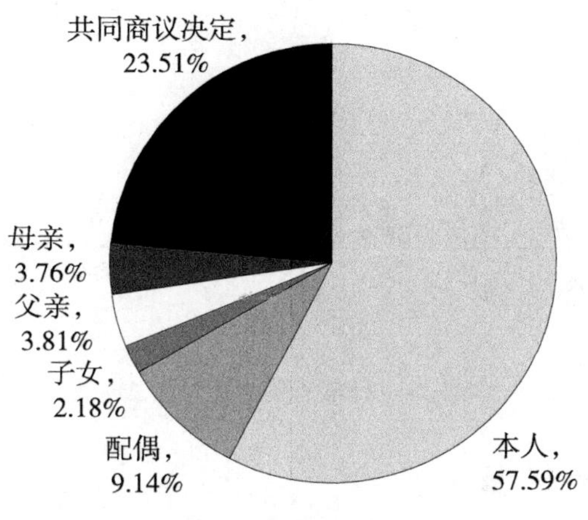

图 18 家庭花销决定权

家庭花销中，48.50% 的受访者，春节时花销最多，35.14% 的受访者红白喜事的花销最多（见图 19）。

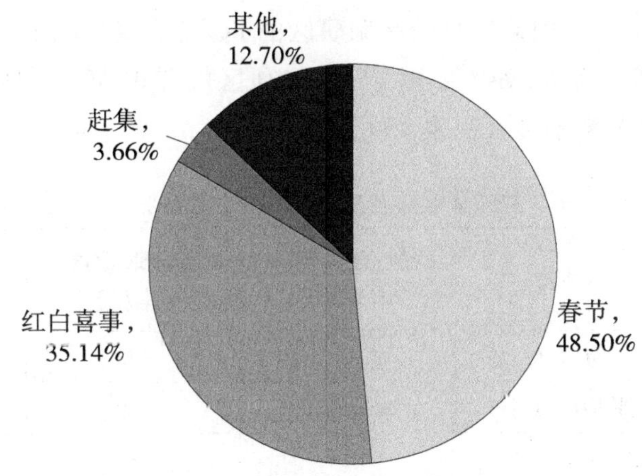

图 19 家庭花销最多的情况

日常消费的支付方式方面，现金、支付宝、微信、银行卡、手机银行及支票均被使用，其中现金的使用频率最高，微信和支付宝的使用频率也较高（见图 20）。

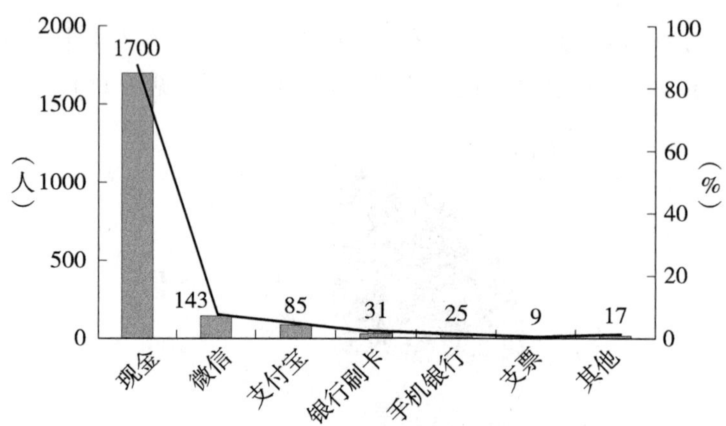

图 20　日常消费的支付方式

3.3　调研地区金融服务情况

3.3.1　金融服务可获得性

本村有银行或信用社的占 5.54%；有助农取款点的占 43.37%；本乡有 ATM（自动取款机）的占 54.55%。内蒙古自治区调研区的助农取款点最多（见表 14）。电子机具在村一级的普及率并不高，本村无电子机具的占 70.54%。分地区看，内蒙古自治区调研区的 POS 刷卡机（销售点情报管理系统）普及率最高，为 94.99%，黑龙江省调研区仅有 ATM，吉林省调研区三种机具均有，但普及率不高（见表 15）。

表 14　　三地金融网点及电子机具设置情况

调研地区	项目	银行或信用社（本村）	助农取款点（本村）	ATM（本乡）
吉林	有（人）	85	272	596
	平均值（个）	1.91	1.75	1.03
	最大值（个）	2	8	8
内蒙古自治区	有（人）	24	434	315
	平均值（个）	1.04	2.93	2.55
	最大值（个）	2	20	8

续　表

调研地区	项目	银行或信用社（本村）	助农取款点（本村）	ATM（本乡）
黑龙江	有（人）	0	148	163
	平均值（个）	0	2.29	2
	最大值（个）	0	3	2

表 15　　三地（本村）电子机具设置情况　　单位：人，%

调研地区	吉林	内蒙古自治区	黑龙江	合计
ATM	35（3.00）	36（7.21）	12（3.93）	83（4.22）
POS 刷卡机	51（4.38）	474（94.99）	0	525（26.66）
扫码支付机	16（1.37）	2（0.40）	0	18（0.91）
没有	1083（92.96）	13（2.61）	293（96.07）	1389（70.54）

在村一级能办理的金融业务中，缴费、取现和存款是最多的（见图 21）。分地区看，内蒙古自治区调研区村一级办理的金融业务明显多于吉林省调研区和黑龙江省调研区（见表 16）。内蒙古自治区调研区和黑龙江省调研区办理金融业务的需求能在镇（乡）级满足，不需要到县城解决（见图 22）。金融机构的设置方面，在镇（乡）级别以农村信用社联合社（简称“农信社”）为主，其次为邮政储蓄银行和农业银行，村镇银行和城商银行的网点较少（见图 23）。

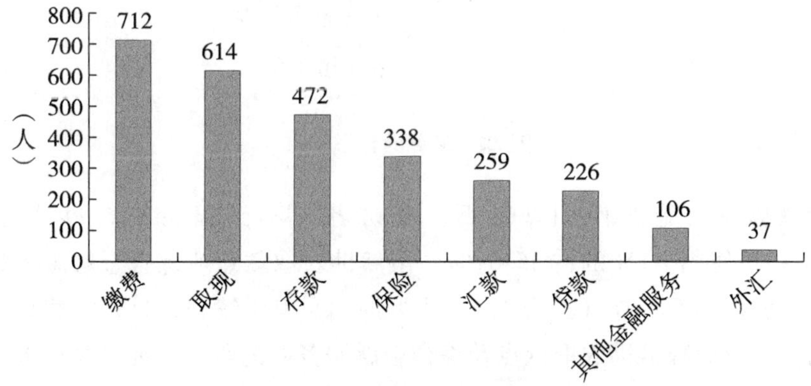

图 21　本村金融服务类别

表 16　三地（本村）金融服务类别情况　单位：人

调研地区	吉林	内蒙古自治区	黑龙江
没有	759	21	153
存款	136	187	149
取现	137	460	17
汇款	116	142	1
缴费	140	429	143
贷款	86	136	4
保险	72	264	2
外汇	33	4	0
其他金融服务	24	82	0

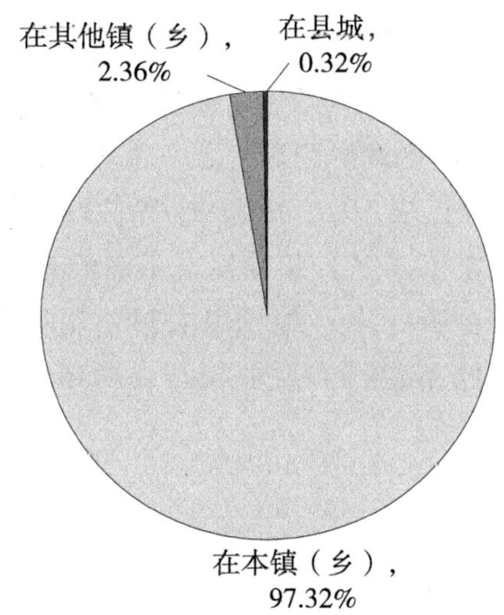

图 22　最近的金融网点

金融基础设施的使用率偏低，受访者中不到银行柜台办业务的占 25.75%；不使用 ATM 的占 45.61%。虽然助农取款点或综合金融服务站的普及率高，但使用率不高（见表 17），主要原因是有手续费，且在一些地区手续费过高，所以应降低助农取款点及综合金融服务站的收费标准，并加大对其的宣传力度。

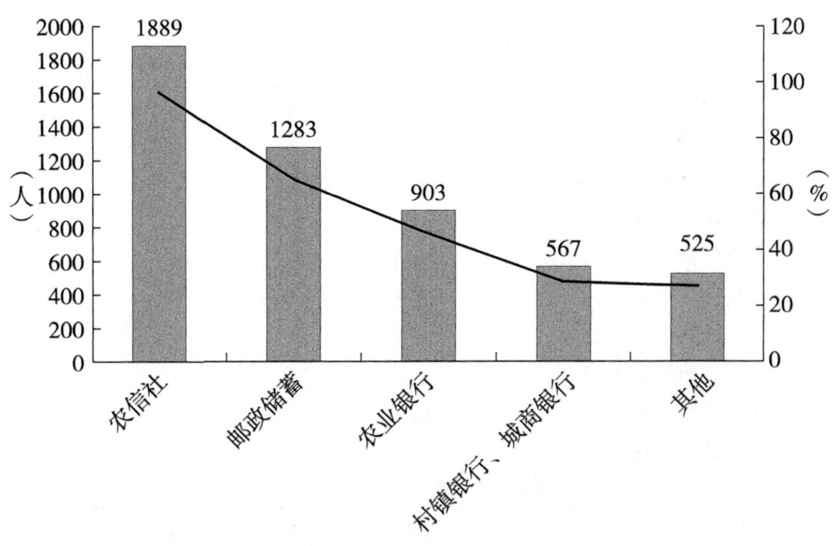

图23　镇（乡）金融机构设置情况

表17　　金融服务使用情况　　单位：人，%

使用次数	银行柜台	ATM	助农取款点或综合金融服务站
不使用	507（25.75）	898（45.61）	1355（68.82）
1～9次	1152（58.51）	674（34.23）	496（25.19）
10～19次	204（10.36）	177（8.99）	84（4.27）
20次及以上	106（5.38）	220（11.17）	34（1.73）

受访者主动使用过的金融服务渠道比较单一，主要为银行，占74.91%（见图24）。

3.3.2　金融服务使用情况

（1）融资服务。

在1969位受访者中，农业及工商业贷款、房屋贷款以及教育贷款是受访者主要的负债类型（见表18）。分地区看，内蒙古自治区调研区承担负债的家庭数量较多，黑龙江省调研区承担负债的家庭数量较少，这与内蒙古自治区调研区积极开展两权抵押贷款及农户联保贷款紧密相关（见表19）。在其他负债中，借款原因主要为看病、小额日常消费、耐用品大额消费和娶媳妇（见图25）。

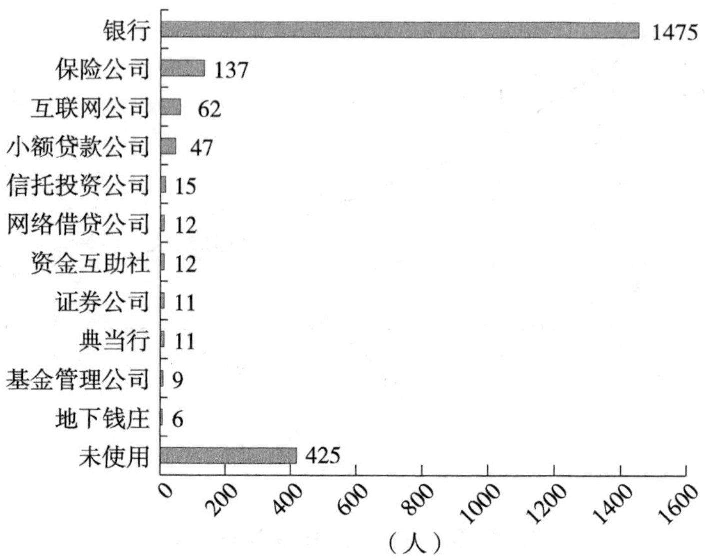

图 24　使用过的金融服务渠道

表 18　家庭负债情况

项目	农业及工商业	房屋	汽车	金融投资	信用卡	教育	其他
人数及占比	397（20.16%）	136（6.91%）	69（3.50%）	46（2.34%）	59（3.00%）	111（5.64%）	159（8.08%）
平均值（元）	31466.28	57014.04	24137.40	19016.51	20103.79	10717.92	47431.31
最大值（元）	700000.00	500000.00	150000.00	80000.00	50000.00	70000.00	750000.00

表 19　三地家庭负债情况　　单位：人

调研地区	农业及工商业	房屋	汽车	金融投资	信用卡	教育	其他
吉林	129	68	52	43	53	64	80
内蒙古自治区	225	62	15	3	6	32	58
黑龙江	43	6	2	0	0	15	21

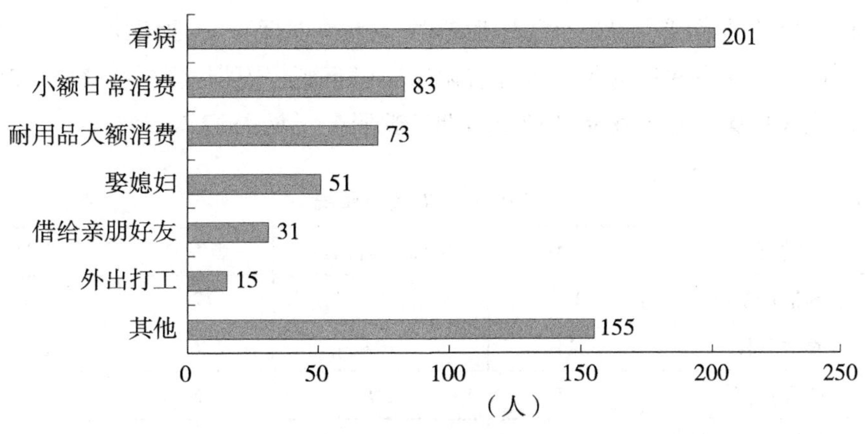

图 25 家庭其他负债原因

从申请贷款的情况看，申请过贷款的占21.38%，内蒙古自治区调研区居民对贷款的需求要明显高于吉林省调研区和黑龙江省调研区（见表20）。申请贷款主要通过农信社和农业银行。分地区看，内蒙古自治区调研区受访者主要通过农村信用社申请贷款，吉林省调研区主要通过农业银行，黑龙江省调研区申请贷款的整体需求不大（见表21）。

表 20 三地申请贷款人数情况 单位：人

是否申请	吉林	内蒙古自治区	黑龙江	合计
是	176	225	20	421（21.38%）
否	989	274	285	1548（78.62%）

表 21 三地从正规渠道申请贷款情况 单位：人

渠道	吉林	内蒙古自治区	黑龙江	合计
农信社	39	195	16	250
农业银行	97	19	2	118
村镇银行	17	7	0	24
邮政储蓄银行	21	2	0	23
小贷公司	12	3	0	15
资金互助社	4	1	0	5
其他	3	11	2	16

申请贷款的类型主要是小额信用贷款（无须抵押）。分地区看，内蒙古自治区调研区以农户联保为主，吉林省调研区以小额信用贷款为主，黑龙江省调研区以他人担保和其他物品抵押或质押贷款居多（见表22）。

表22　　三地申请贷款类型情况　　单位：人

类型	吉林	内蒙古自治区	黑龙江	合计
小额信用贷款	110	72	2	184
农户联保	11	104	4	119
他人担保	15	50	6	71
其他物品抵押或质押	20	15	6	41
政府贴息贷款	14	1	2	17
直补贷款，土地收益	13	1	0	14
网络借贷	3	2	0	5

从贷款审核情况看，在申请贷款的421位受访者中，有102人存在贷款审核未通过的情况，占24.23%，其中吉林省调研区为57人，内蒙古自治区调研区为44人，黑龙江省调研区为1人。吉林省调研区贷款审核未通过主要是因为贷款人没有抵押物或抵押物不足，内蒙古自治区调研区主要是因为无人担保，收入太低或没有收入也是以上两地贷款审核未通过的重要原因（见图26）。

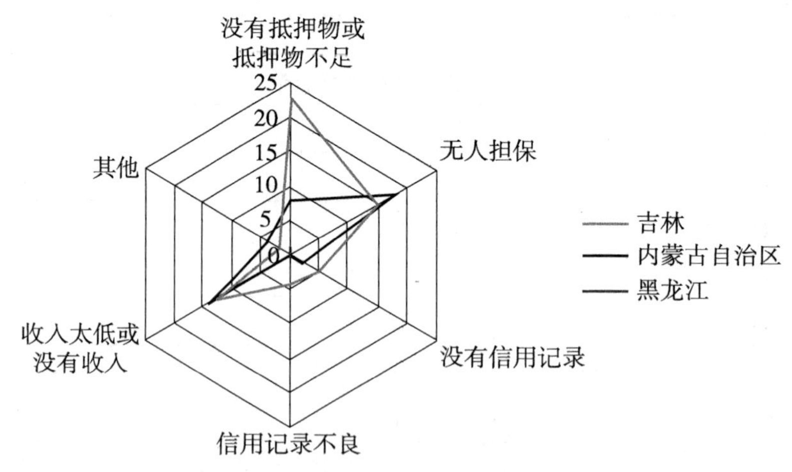

图26　三地贷款审核未通过的主要原因

贷款的申请程序方面，吉林省调研区平均19天可获得贷款，内蒙古自治区调研区平均为17天，黑龙江省调研区平均为9天。贷款的年利率，吉林省调研区加权平均值为5.47%，内蒙古自治区调研区略高，为8.65%，黑龙江省调研区为5.61%（见表23）。

表23　　三地申请贷款等待天数及年利率情况

项目		吉林	内蒙古自治区	黑龙江
申请贷款等待天数	平均值	19	17	9
	最大值	365	365	35
获得贷款的年利率（%）	平均值	5.47	8.65	5.61
	最大值	18.00	20.00	11.00

贷款的用途方面，主要是农业生产，其他为教育、消费、看病（见表24）。

表24　　三地去年所获贷款使用方向

调研地区	项目	农业生产	经商	买房、置地、修建房屋	教育	看病	婚丧嫁娶	日常消费
吉林	有（人）	78	23	14	64	19	21	26
	平均值（元）	7658.59	8094.31	11492.33	2994.21	4134.43	2653.11	3216.51
	最大值（元）	130000.00	500000.00	500000.00	22000.00	100000.00	50000.00	60000.00
内蒙古自治区	有（人）	170	16	32	35	34	19	37
	平均值（元）	49037.06	67187.875	62593.75	10500.00	11405.88	29368.42	11959.46
	最大值（元）	500000.00	350000.00	300000.00	50000.00	50000.00	300000.00	50000.00
黑龙江	有（人）	11	3	7	3	4	3	4
	平均值（元）	27363.64	5333.33	45285.71	2000.00	5500.00	833.33	23250.00
	最大值（元）	80000.00	10000.00	200000.00	4000.00	10000.00	1000.00	50000.00

贷款单笔最高金额情况，吉林省调研区的受访者以1万元以下为主，占53.98%；内蒙古自治区调研区以1万~3万元为主，占40.89%；黑龙江省调研区以1万~3万元为主，占50%（见表25）。这表明在吉林省调研区，小额贷款需求较大，在内蒙古自治区调研区，中等额度贷款需求更大。

表25　　三地申请贷款单笔最高金额情况　　单位：人

单笔最高金额	吉林	内蒙古自治区	黑龙江
1万元以下（占比）	95（53.98%）	30（13.33%）	4（20.00%）
1万~3万元（占比）	49（27.84%）	92（40.89%）	10（50.00%）
3万~10万元（占比）	21（11.93%）	85（37.78%）	5（25.00%）
10万元以上（占比）	11（6.25%）	18（8.00%）	1（5.00%）

民间融资方面，没有进行民间融资的占80.35%。吉林省调研区未进行民间融资的占89.36%；内蒙古自治区调研区在三地中为利用民间融资获得资金最多的地区，有39.68%的受访者利用民间融资获得资金（见表26）。向亲友借款是民间融资的主要渠道，其他依次为高利贷、赊销、网络借贷（P2P）、典当行和其他（见图27）。

表26　　三地民间融资单笔最高金额情况　　单位：人

单笔最高金额	吉林	内蒙古自治区	黑龙江	合计
0元（没有融资）	1041（89.36%）	301（60.32%）	240（78.69%）	1582（80.35%）
1万元以下	55（4.72%）	45（9.02%）	19（6.23%）	119（6.04%）
1万~3万元	39（3.35%）	74（14.83%）	31（10.16%）	144（7.31%）
3万~10万元	21（1.80%）	56（11.22%）	9（2.95%）	86（4.37%）
10万元以上	9（0.77%）	23（4.61%）	6（1.97%）	38（1.93%）

三地未来融资需求方面，有融资需求的占18.84%。在有融资需求的受访者中，融资金额在5万元以下的占69.81%，这说明融资的需求多为小额需求（见表27与图28）。

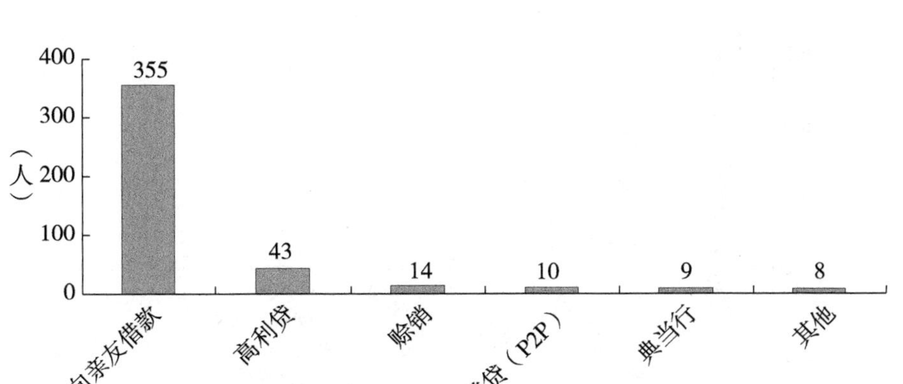

图 27　民间融资渠道

表 27　三地未来融资需求情况　　单位：人

有无需求	吉林	内蒙古自治区	黑龙江	合计
有	188（16.14%）	148（29.66%）	35（11.48%）	371（18.84%）
无	977（83.86%）	351（70.34%）	270（88.52%）	1598（81.16%）

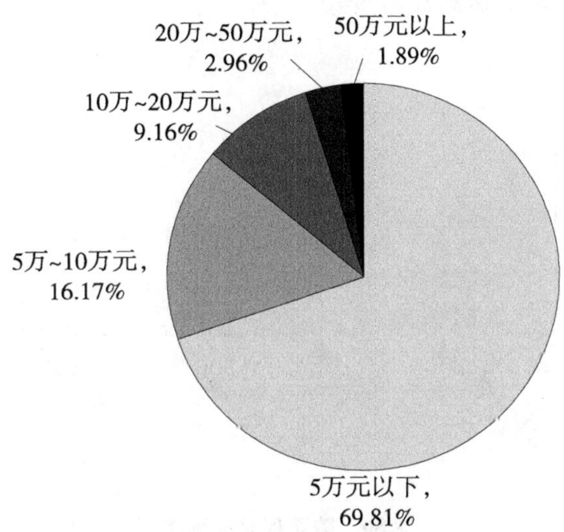

图 28　未来融资额度需求

未来融资的渠道方面，受访者在出现资金需求时更希望通过正规的传统金融渠道和简单易行的亲友间借贷，而对其他渠道缺乏了解（见图 29）。

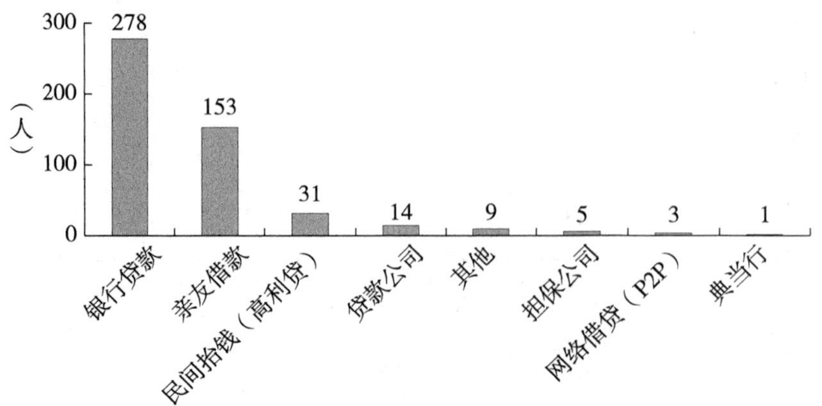

图 29　未来融资渠道需求

（2）保险服务。

在 1969 位受访者中，41.75% 的人购买过保险，购买人数最多的险种为农村合作医疗保险，有 842 人，其次为农村养老保险，有 243 人。政策扶持使农村合作医疗保险在农村的覆盖范围扩大，人们对医疗健康保障的诉求很强（见图 30）。吉林省调研区应该加大力度提高农户对财产保险和农业保险等的重视程度，使农民树立风险防范意识。

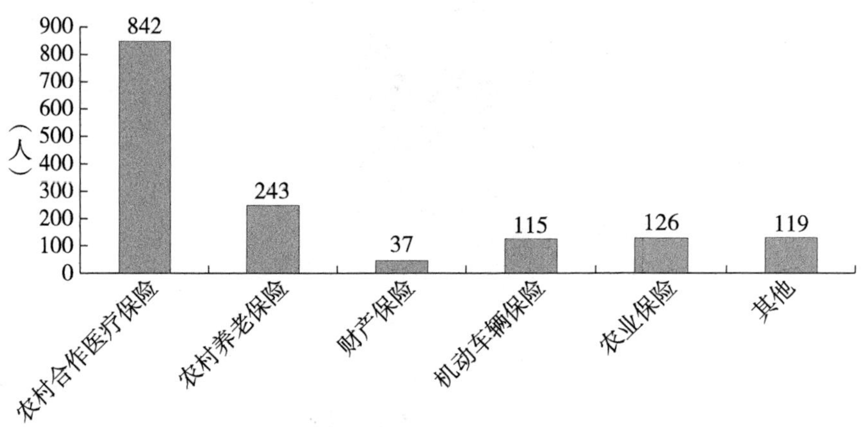

图 30　购买保险的种类

农业保险的投保集中于玉米（见图 31）。在三地中，种植的农作物以玉米和水稻居多，区别不大。在牲畜投保方面，投保的比例与养殖的多少有关（见图 32）。

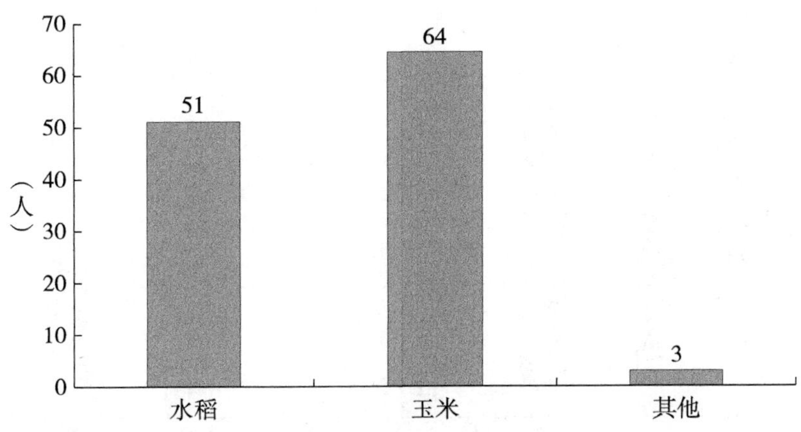

图 31　投保的农作物种类

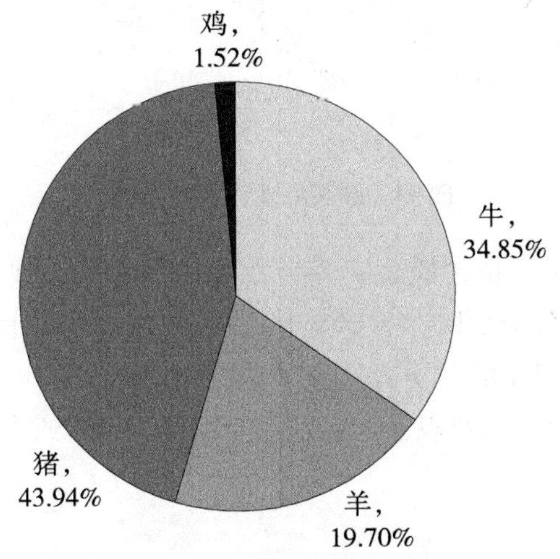

图 32　投保的牲畜种类

受访者购买农业保险的渠道集中，主要集中在保险公司销售人员入户销售、在保险公司网点购买、其他这三个渠道（见图 33）。

受访者不满意的原因突出表现为保险公司不按约定赔偿。

在保险公司发放赔偿金方面，主要以银行卡的方式支付。黑龙江省调研区对第三方支付平台的应用较其他两个调研区的普及力度更大。

（3）其他金融服务。

在 1969 名受访者中，仅有 6.50% 的人购买过理财产品。内蒙古自治区调研区和吉林省调研区的受访者均主要在银行购买理财产品（见图 34）。三地受

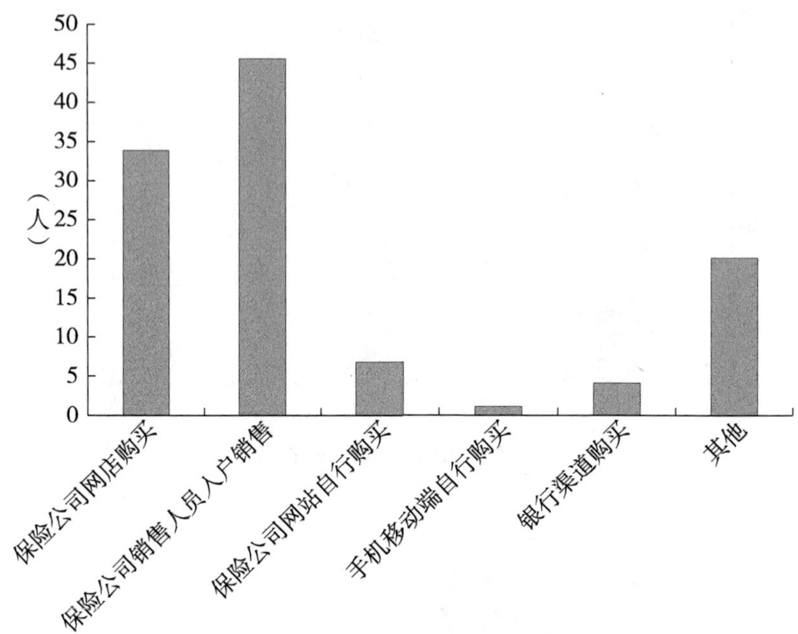

图 33　购买农业保险的渠道

访者购买的理财产品分布在股票、基金、农产品期货、典当服务等方面（见图 35）。在投资偏好测试中，47.06% 的受访者选择了不愿意承担任何风险。在彩票测试中，78.97% 的受访者选择了获得 4000 元的彩票（见图 36）。可以看出，大部分受访者是风险规避者，这与自身的经济状况和受教育水平有关。

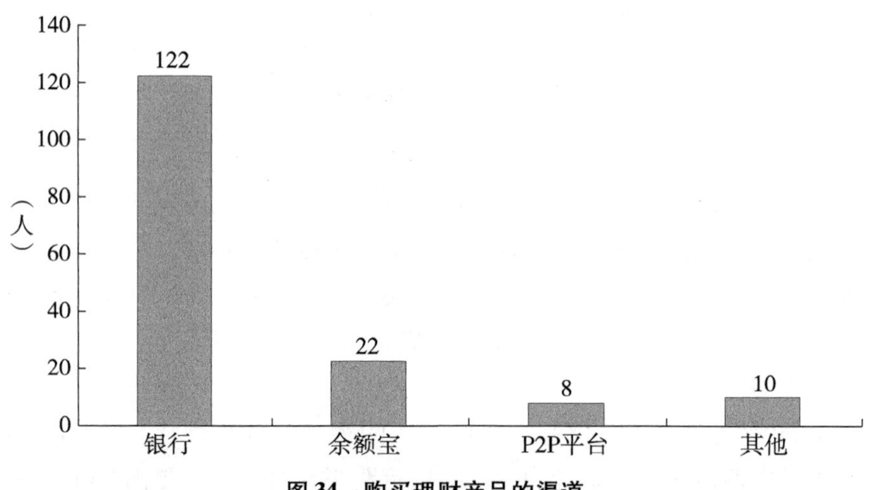

图 34　购买理财产品的渠道

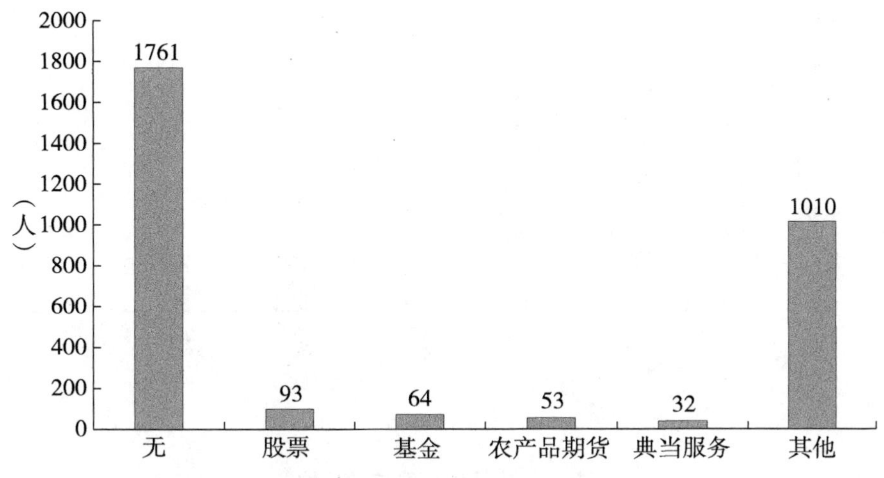

图 35　理财产品种类分布情况

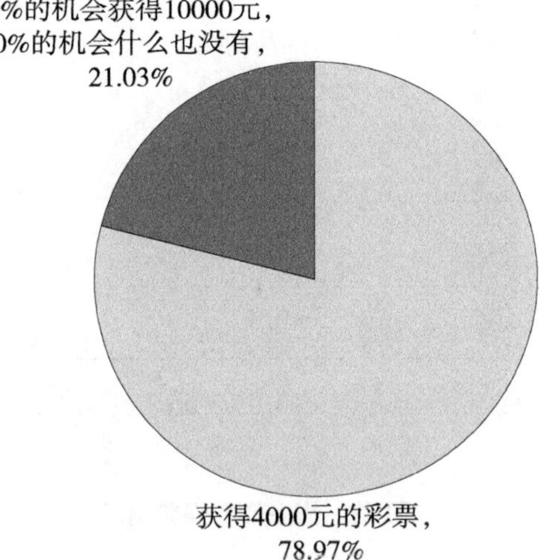

图 36　彩票测试

3.4　调研地区金融行为情况

三地受访者申请银行账户的目的主要是个人及家庭储蓄和领取政府补贴（见图 37）。绝大部分农户的银行卡开户者为家庭储蓄的保管者（见图 38）。这说明农户对银行卡的使用较为局限，没有充分利用其功能来使生活更加便利。

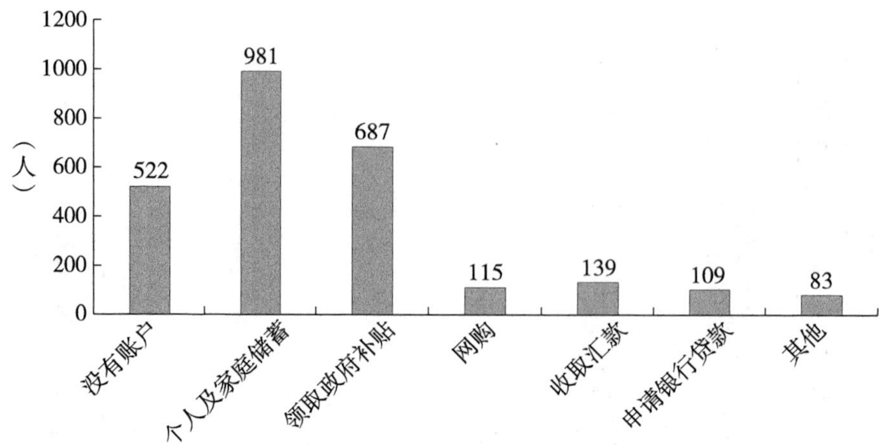

图 37　申请银行账户的目的

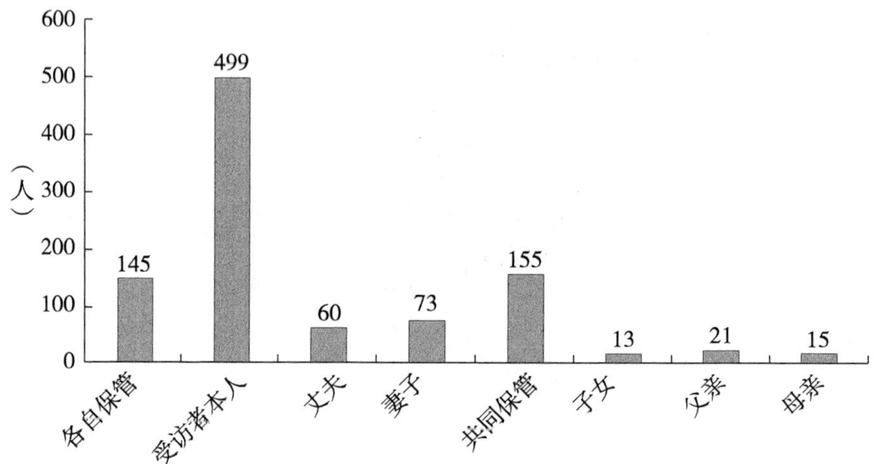

图 38　家庭储蓄保管情况

家庭成员拥有银行账户方面的调查显示，账户集中在受访者本人和配偶名下（见图 39）。受访者名下一般只有 1 个储蓄账户，主要用于个人储蓄（见图 40）。黑龙江省调研区的农户在应用银行卡功能方面能力较强。银行储蓄账户一般为银行储蓄存折、定期存单或储蓄卡（见图 41）。

受访者开通信用卡的占比为 12.04%（见图 42）。可以看出，银行信用服务在农村地区的覆盖率非常低。而在对信用卡品牌的了解、使用情况调查中，可以看出受访者对信用卡及其功能并不熟悉（见图 43 ~ 图 45）。黑龙江省调研

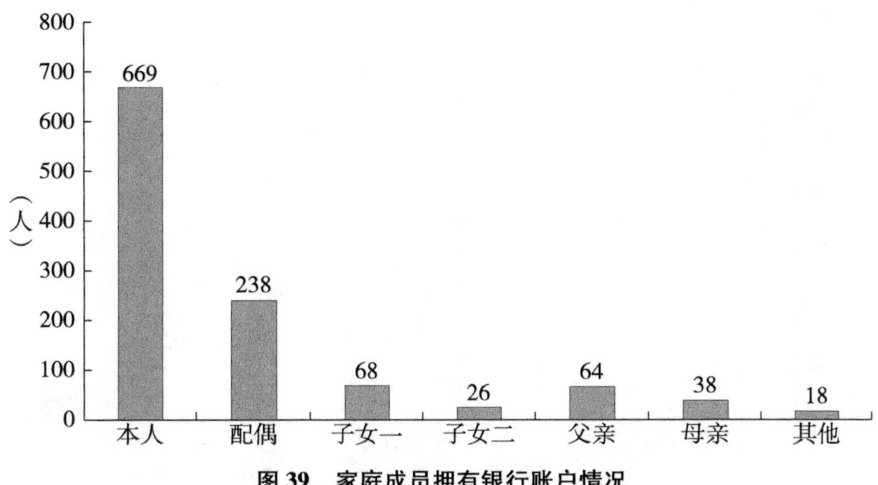

图 39　家庭成员拥有银行账户情况

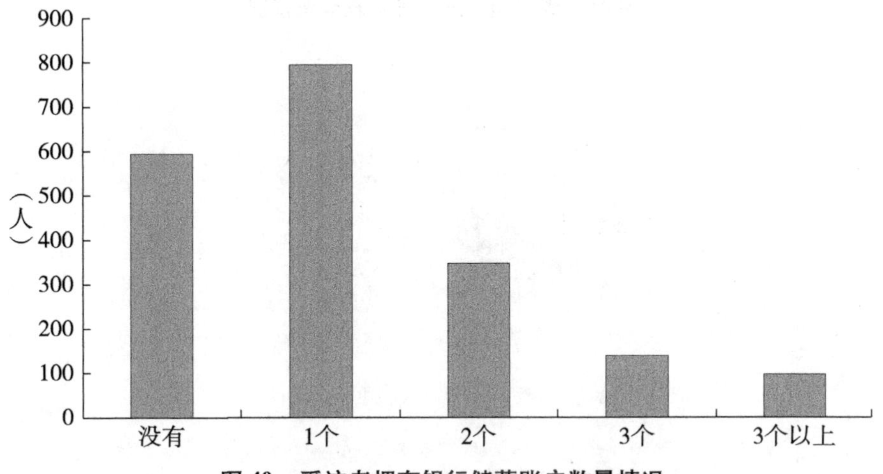

图 40　受访者拥有银行储蓄账户数量情况

区在信用卡持有数量上高于吉林省调研区和内蒙古自治区调研区，这说明黑龙江农村地区农户的金融意识更强。

在使用银行卡的受访者中，每月使用银行卡次数一般不足 1 次，占比为 51.36%，可见农村地区银行卡的使用并不普及（见图 46）。银行卡最多被用于储蓄及收付款（见图 47）。在金融机构改善建议方面，集中体现在增设营业网点、简化手续和降低费用，希望金融服务可以更加快速、便捷（见图 48）。

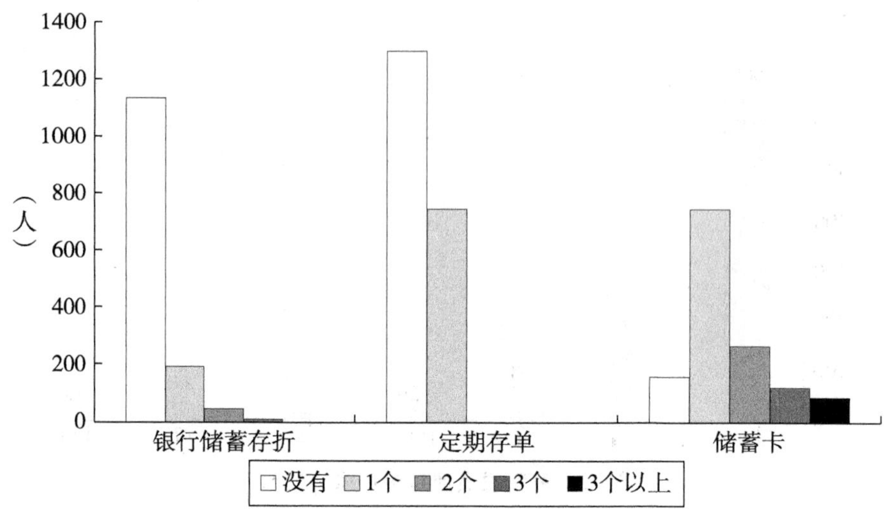

图 41　银行储蓄账户类别及数量情况

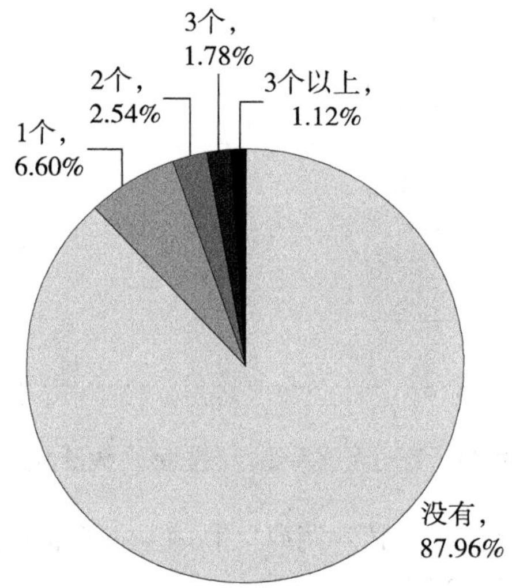

图 42　受访者开通信用卡情况

3.5　调研地区数字普惠金融情况

三地调研区，家中没有无线网络的占比达 56.17%，使用无线网络的受访者中，有 55.07% 的人认为网络信号一般。农村的网络基础设施需要进一步普及并提升质量（见图 49、图 50）。

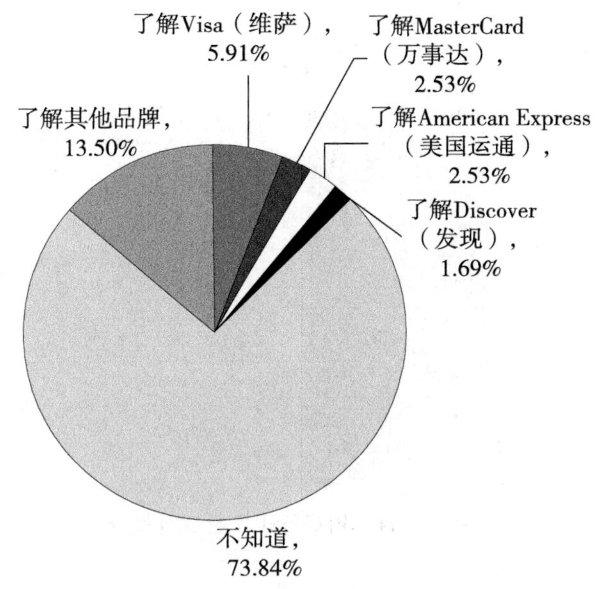

图 43　受访者对信用卡品牌的了解情况

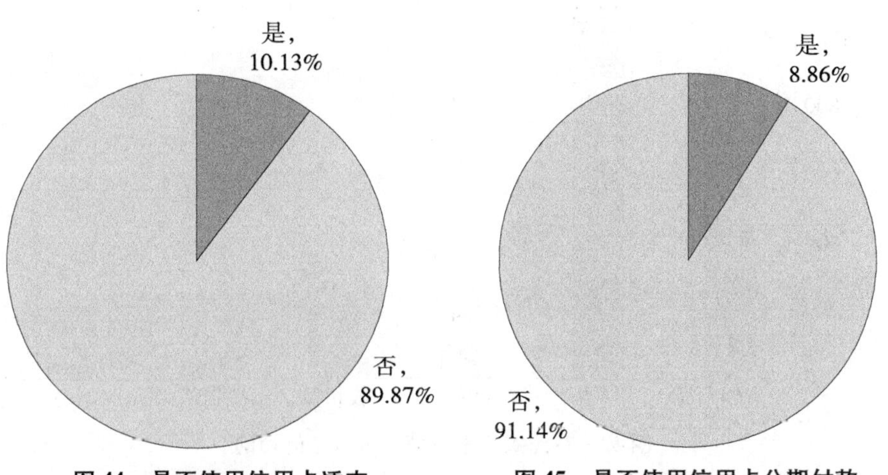

图 44　是否使用信用卡透支　　**图 45　是否使用信用卡分期付款**

64.20%的受访者没有电脑，89.68%的受访者没有使用网上银行（见图51和图52）。网上银行的开户行集中在农信社、农业银行和邮政储蓄银行。受访者使用网上银行主要办理转账业务（见图53）。调查中有22.40%的受访者曾在网上购物（见图54）。受访者网购时采取的支付方式主要是支付宝、微信和网上银行（见图55）。

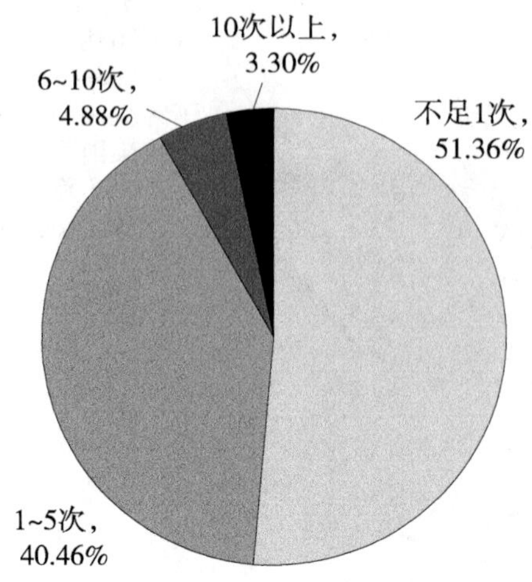

图 46　每月使用银行卡次数统计情况

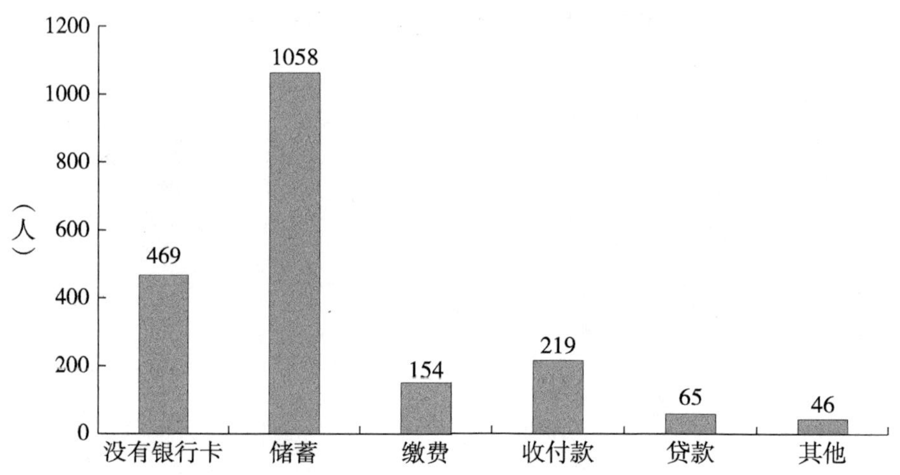

图 47　有无银行卡及使用银行卡的目的

手机的使用已在农村得到普及，有 83.34% 的受访者使用手机，且智能手机的占比达 60.91%（见图 56、图 57）。而在智能手机的应用中，微信被使用的次数最多（见图 58、图 59）。受访者对当地移动网络覆盖情况大体满意，但仍希望提高水平（见图 60）。手机银行的使用在农村还未得到普及，调查中，仅有 14.88% 的受访者使用过手机银行，主要用于转账、网上购物、汇款、缴费（见图 61）。

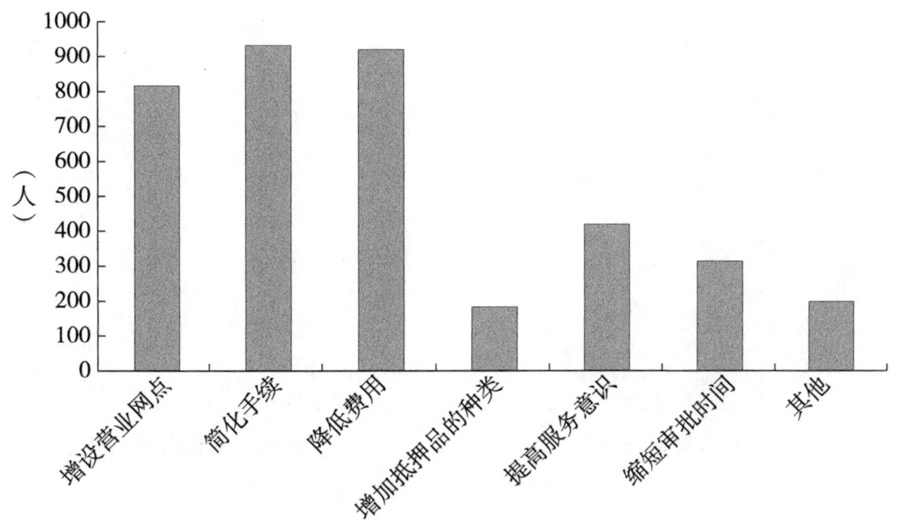

图 48　金融机构改善建议

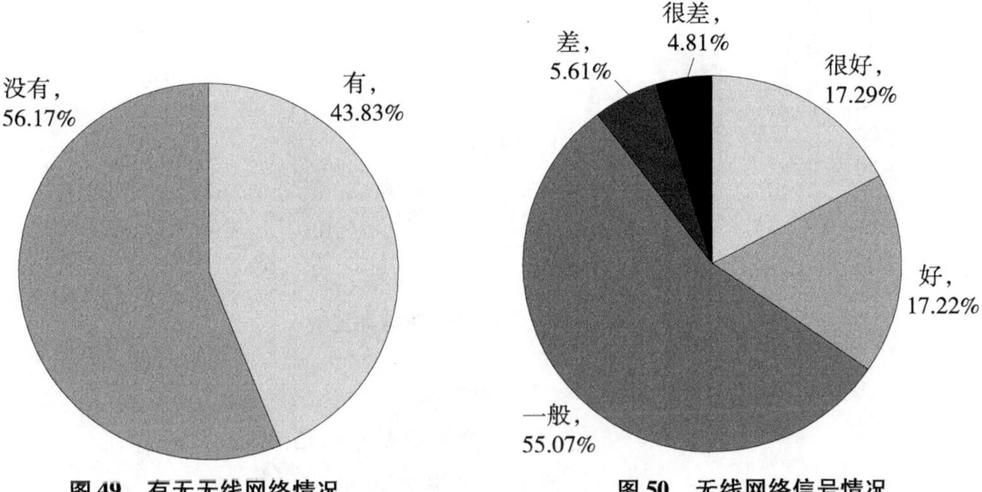

图 49　有无无线网络情况

图 50　无线网络信号情况

在调查中，使用过二维码收付款的受访者占比为 23. 16%，比重较低，这与网络基础设施、网络支付条件和受访者的自身偏好相关（见图 62）。使用的二维码主要来自微信和支付宝（见图 63、图 64）。从支付宝和微信钱包的使用频率及绑定银行卡的情况来看，使用微信钱包的用户数比使用支付宝的用户数多。从支付宝和微信钱包的使用目的来看，多集中在收付款、生活缴费、手机充值、购物方面（见图 65 ~ 图 69）。

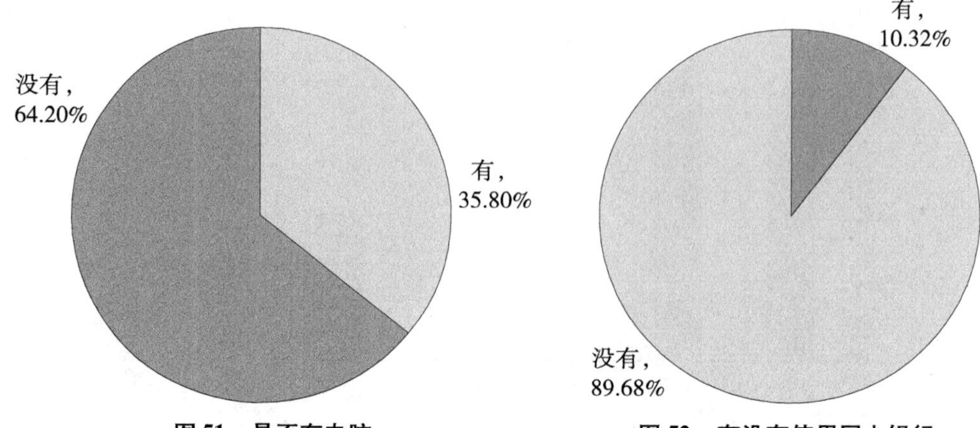

图 51　是否有电脑　　　　图 52　有没有使用网上银行

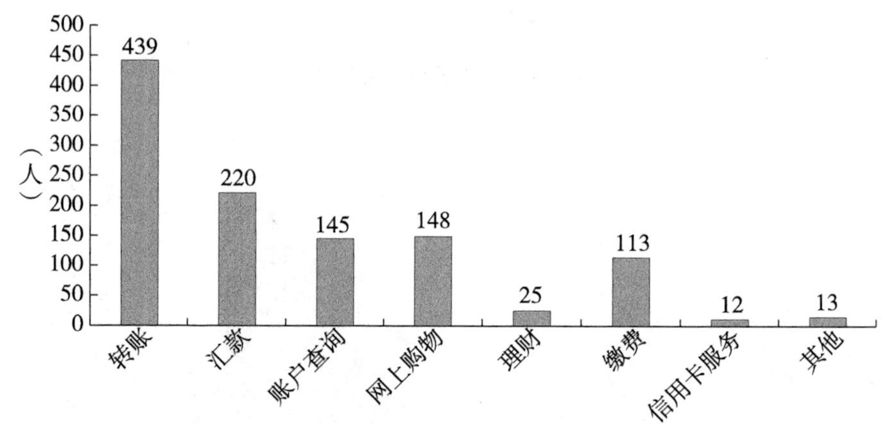

图 53　使用网上银行办理业务类型情况

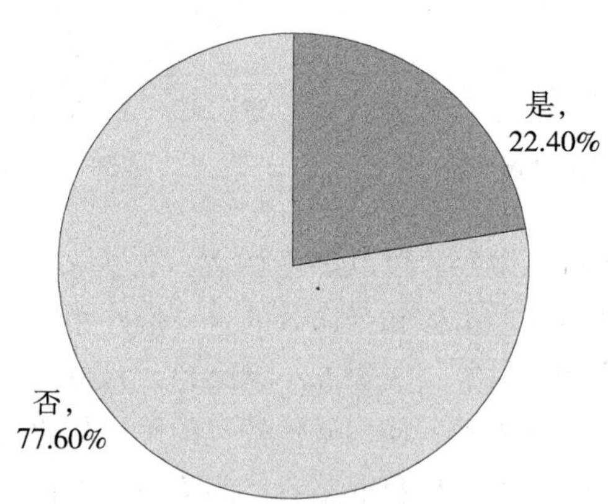

图 54　是否网上购物

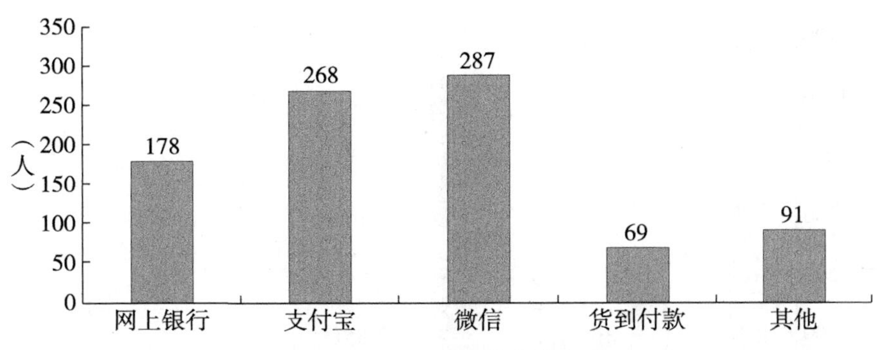

图 55　网购时采取的支付方式

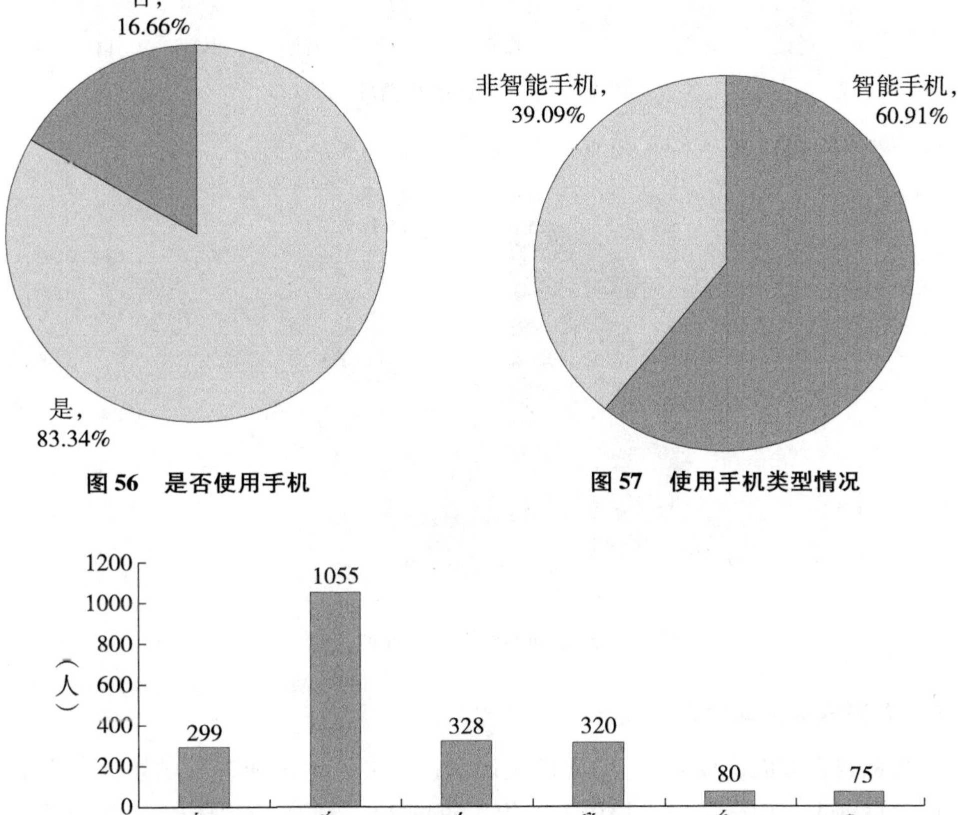

图 56　是否使用手机

图 57　使用手机类型情况

图 58　智能手机应用软件的使用情况

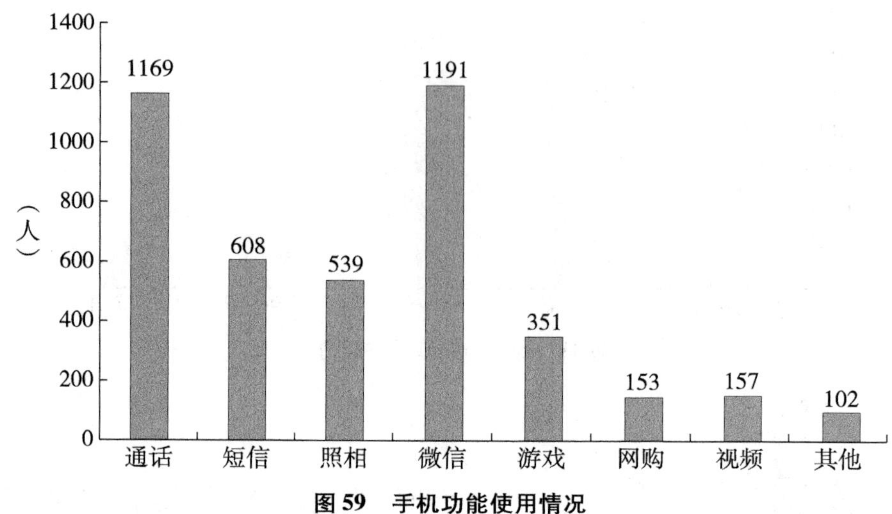

图 59　手机功能使用情况

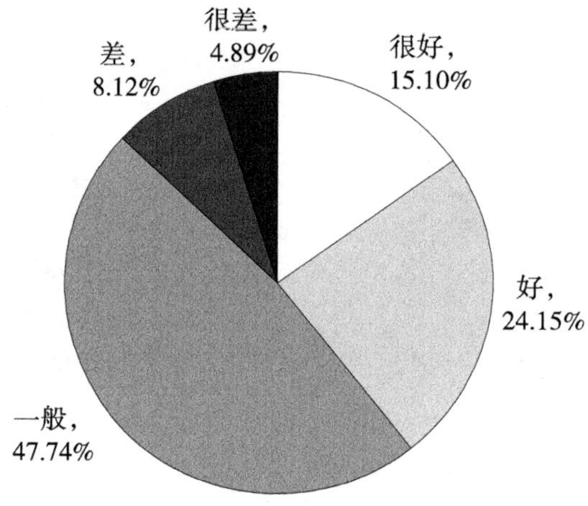

图 60　对移动网络覆盖情况的评价

3.6　调研地区金融教育情况

金融教育方面，仅有 14.07% 的受访者在过去一年参加过金融教育方面的培训，培训主要由金融服务提供方组织（见图 70、图 71）。受访者一般会通过观看电视节目、阅读传单等渠道了解金融知识（见图 72）。

有 69.93% 的受访者没有主动向亲戚朋友请教过金融知识（见图 73）。受访者认为学习金融知识并不是必要的，和自身利益关联不大。究其原因，一是

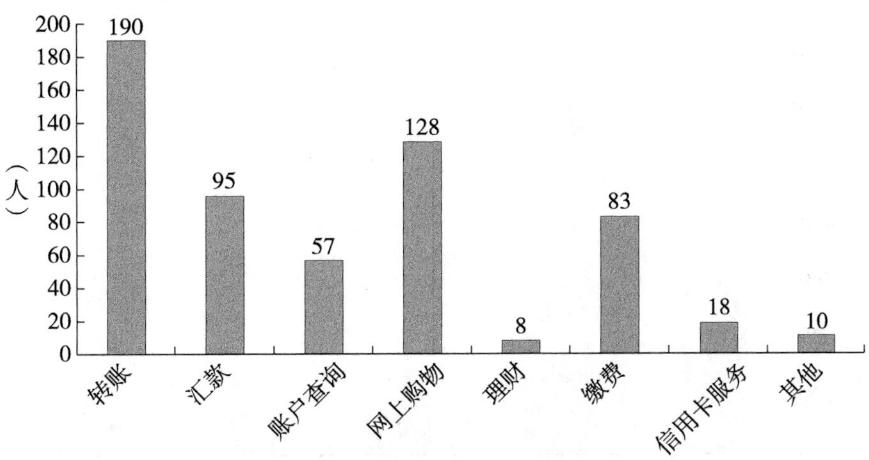

图 61　手机银行服务的使用情况

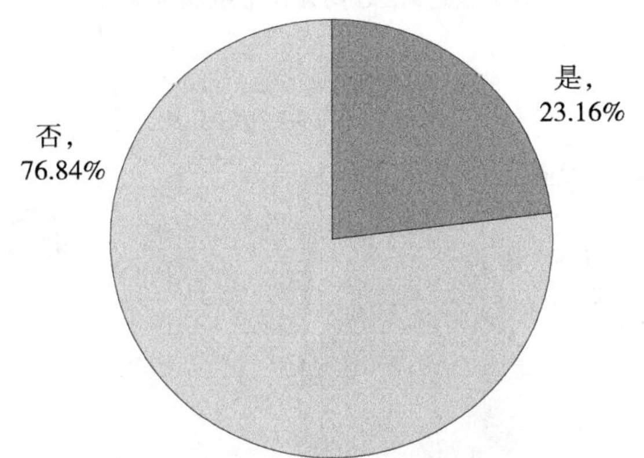

图 62　是否使用过二维码收付款

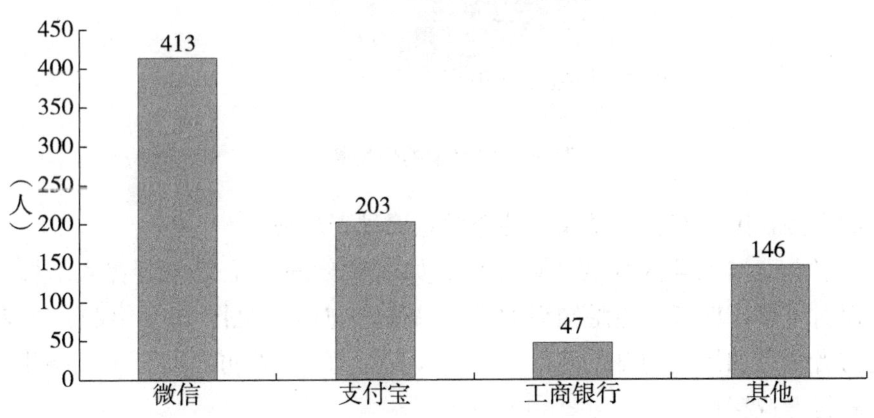

图 63　使用的二维码所属机构情况

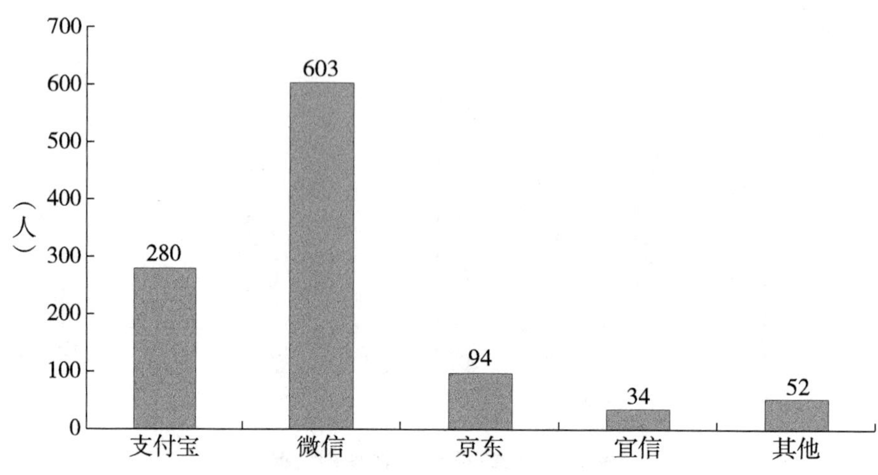

图 64　使用互联网公司金融服务情况

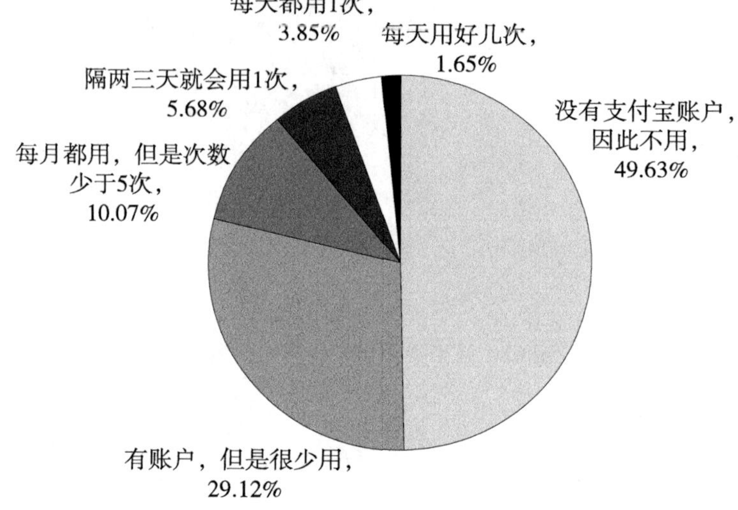

图 65　支付宝的使用频率

农村的金融氛围不好，二是农户的金融意识过于淡薄。

在对金融知识掌握程度的调查中，如何区分假币是受访者普遍掌握的技能，而对股票、期货等金融知识的掌握几乎是空白（见图 74）。仅有 15.29% 的受访者知道如何查询自己的征信记录（见图 75）。这再次凸显出金融排斥问题在农村普遍存在。

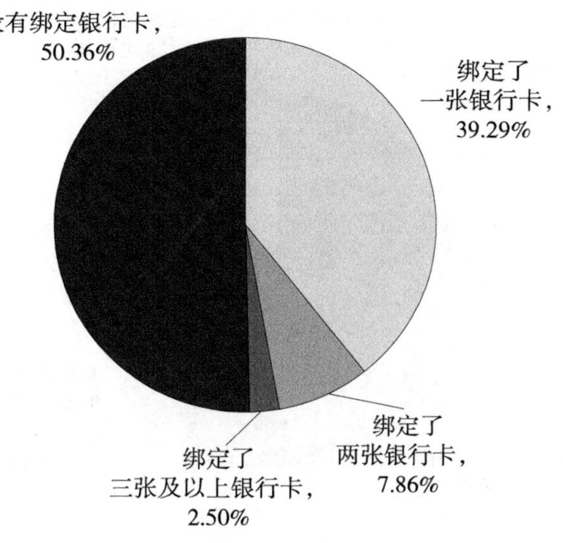

图 66　支付宝绑定银行卡情况

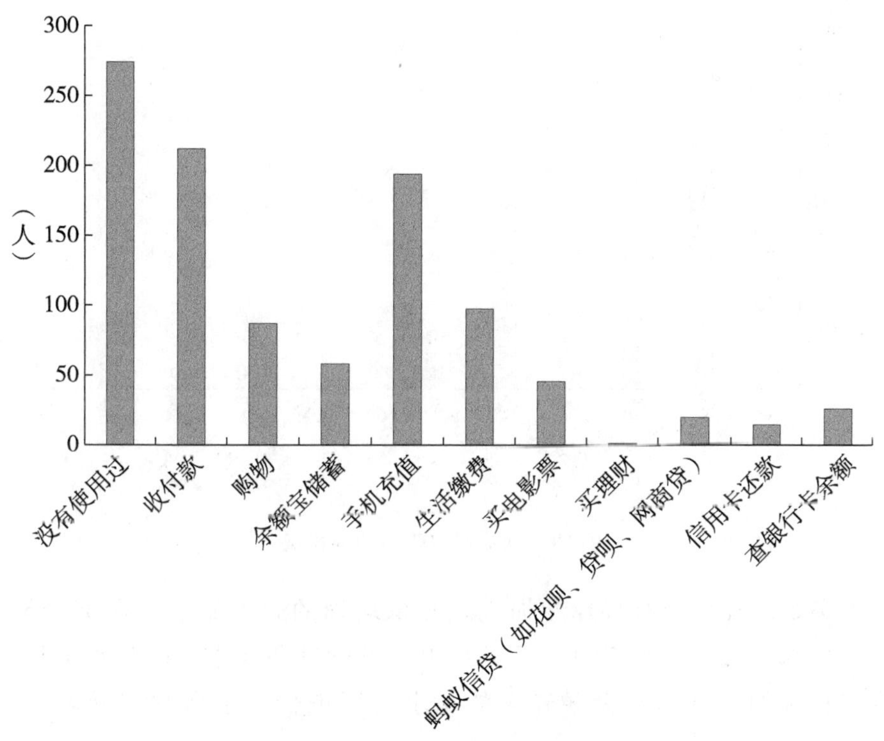

图 67　支付宝使用功能情况

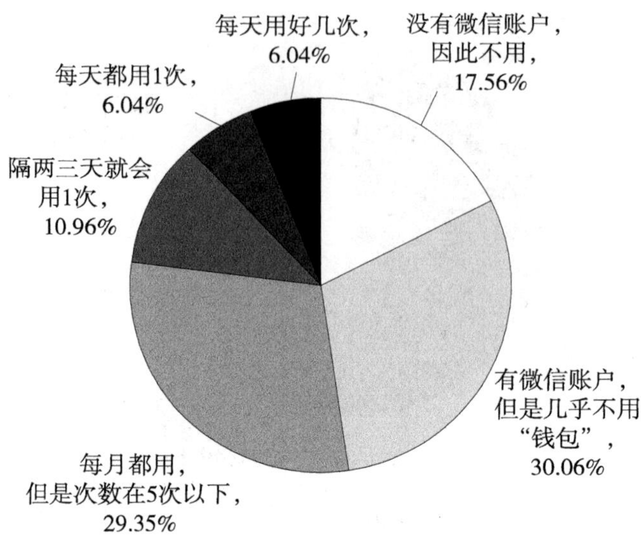

图 68 微信钱包的使用频率

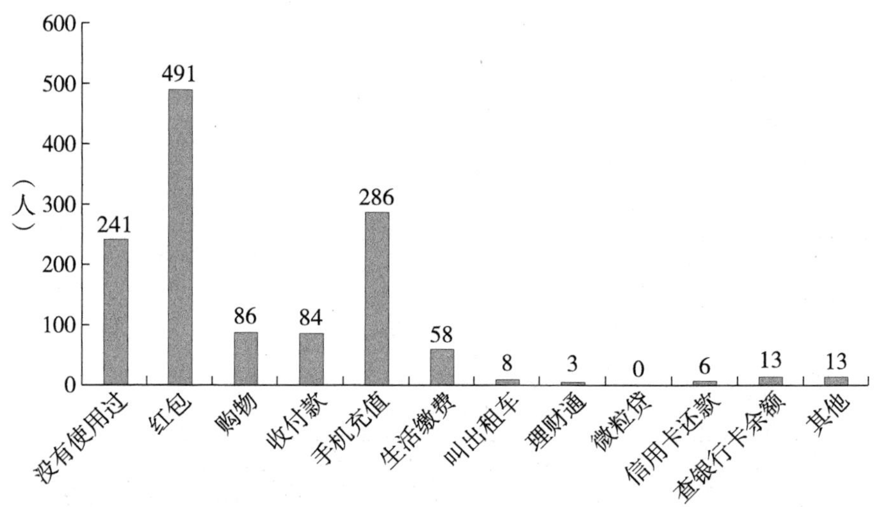

图 69 微信钱包使用功能情况

未来 6 个月是否有兴趣参加金融知识培训的调查显示，有 39.56% 的受访者愿意参加（见图 76）。可以看出，虽然发展普惠金融任重道远，但是农户积极的态度和对金融知识的渴求是促进普惠金融顺利开展的坚实基础。

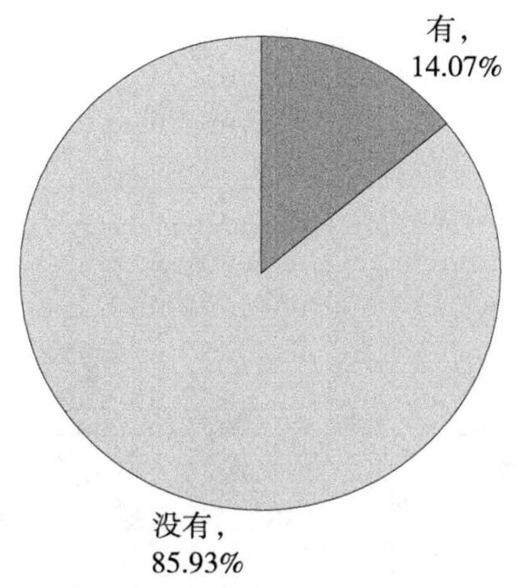

图 70　过去一年是否参加过金融教育培训

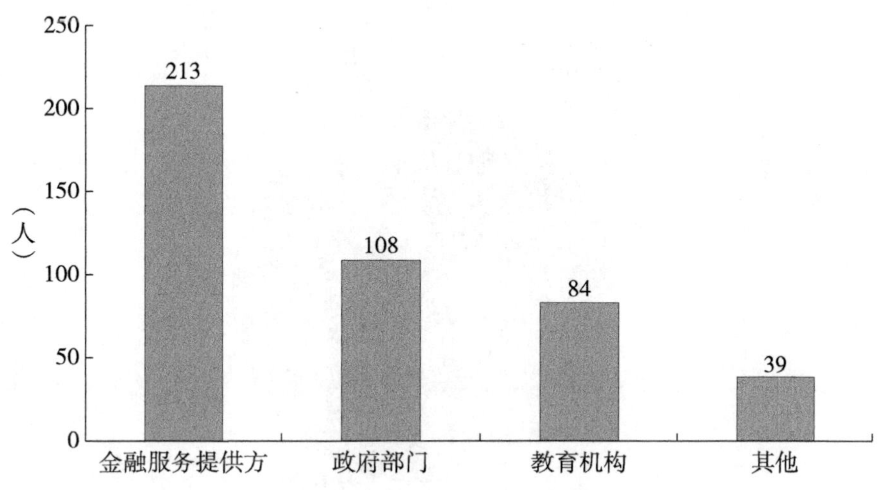

图 71　培训主办方类别与数量

3.7　三地数据对比分析简要结论

3.7.1　农业规模化经营

在三地中，吉林省调研区加入农民合作社的比例最高，为 24.08%；黑龙江省调研区的加入比例最低，仅为4.20%。这说明农业集约式发展在黑龙江省调研区没有得到有效开展，大部分农民还采取独门独户的耕作模式。

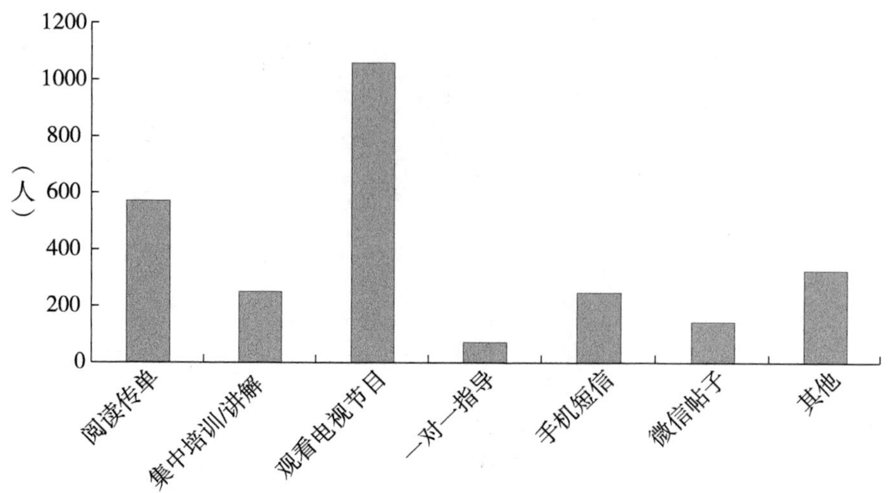

图 72　了解金融知识的渠道

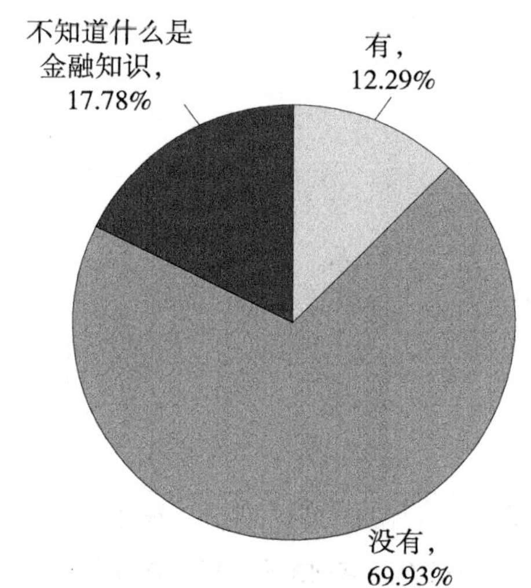

图 73　是否主动向亲戚朋友请教金融知识

3.7.2　贷款需求规模和申请途径

农业及工商业贷款、房屋贷款以及教育贷款是受访者主要的负债类型。内蒙古自治区调研区承担负债的家庭数量较多，黑龙江调研区承担负债的家庭数量较少，这与内蒙古自治区调研区积极开展两权抵押贷款及农户联保贷款紧密相关。

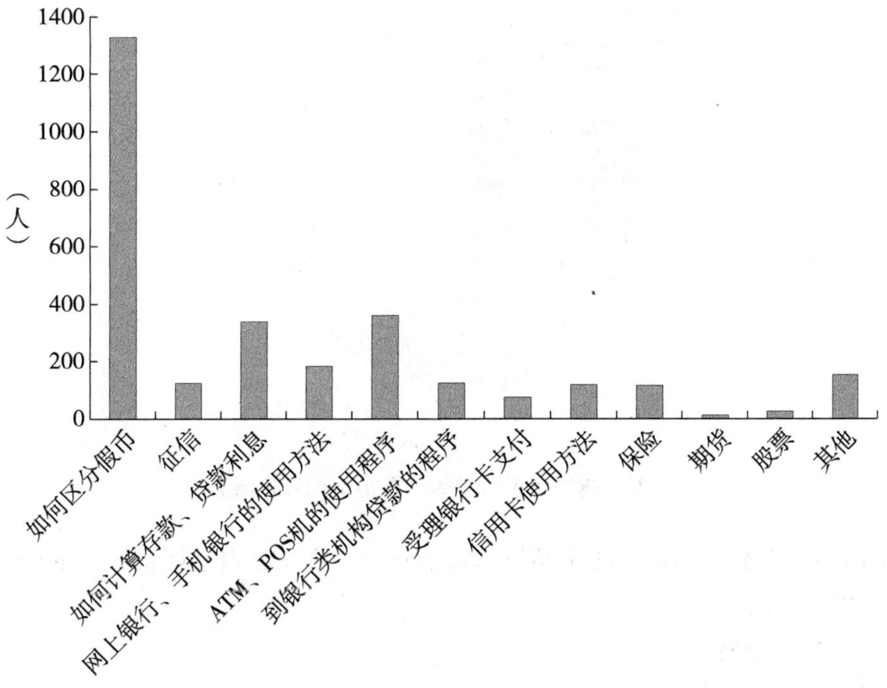

图 74　掌握金融知识情况

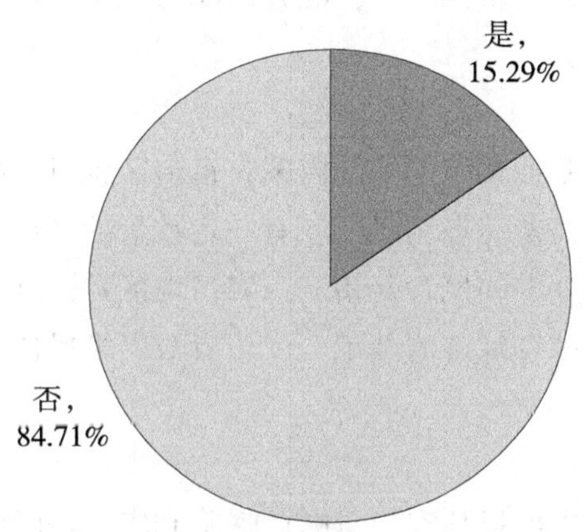

图 75　是否知道如何查询自己的征信记录

内蒙古自治区调研区受访者主要通过农信社申请贷款，吉林省调研区主要通过农业银行，黑龙江省调研区申请贷款的需求不大。

内蒙古自治区调研区申请贷款以农户联保为主，吉林省调研区以小额信用贷款（无须抵押）为主，黑龙江省调研区以他人担保和其他物品抵押或质押

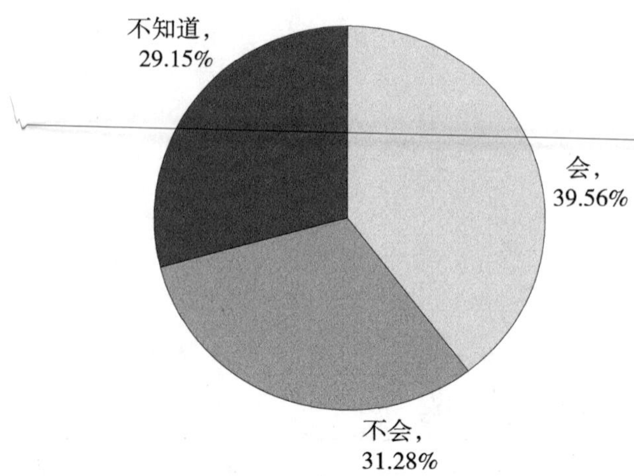

图 76　未来 6 个月是否会参加金融知识培训

贷款居多。吉林省调研区的小额贷款需求较大，内蒙古自治区调研区的中等额度贷款需求更大。

3.7.3　银行卡的使用

黑龙江省调研区受访者在信用卡持有数量上高于吉林省调研区和内蒙古自治区调研区，受访者在应用银行卡功能方面能力较强。这说明黑龙江省调研区的农户金融意识更强。

3.7.4　金融服务

三地调研区金融服务类型单一。内蒙古自治区调研区村一级办理的金融业务明显多于吉林省和黑龙江省调研区。有一定数量的受访者使用微信钱包或支付宝，这表明互联网金融的概念开始进入农村地区并影响农户的支付偏好，数字普惠金融在农村地区有推进的基础。受访者对网络操作陌生，对数字金融知识的了解严重匮乏。

3.7.5　农业保险

吉林省应该加大力度提高农户对财产保险和农业保险的重视程度，使农民树立风险防范意识。黑龙江省调研区在发放赔偿金时使用了支付宝或微信，而内蒙古自治区调研区和吉林省调研区则没有，这说明黑龙江省调研区对第三方支付平台的应用较其他两地普及力度更大。

3.7.6　理财产品

在购买理财产品的渠道方面，内蒙古自治区调研区和吉林省调研区的受访者均在银行购买理财产品，而黑龙江调研区的受访者购买理财产品的渠道还包括余额宝、P2P 平台以及其他渠道。这说明黑龙江调研区农户对第三方金融平台的应用较其他两地更多。

3.7.7 金融教育

三地调研区农民对金融知识的掌握还十分欠缺，他们学习金融知识的兴趣需要引导和激励。三地调研区金融教育的力度远远不够，金融机构应抓住一切时机对农户进行金融知识的普及宣传，政府和教育机构应为农户创造更多的受教育机会，逐渐增强其金融意识。

4 调研地区目前存在的问题及对策和建议

4.1 调研地区目前存在的问题

4.1.1 农业收入来源单一，农民收入水平低

受访者的农业收入来源主要为粮食种植，农业收入中经济作物和养殖收入占比较低，财产性收入和工资性收入较少。三地农业集约式发展没有得到有效开展，大部分农民还是采取独门独户的耕作模式，雇用支出这一指标也间接反映出此问题。受访者加入农民合作社的比例较低。已加入的农民合作社以专业合作社为主，资金互助社对该地区农业发展的支持力度不大。

4.1.2 金融服务有待加强，金融网点服务能力和人员不足

调研地区均存在农户居住分散问题，农业银行和农信社等金融机构尽管在所有旗县均设有分支机构，但受地域限制，多数金融网点的服务半径较大。在开展金融惠农服务过程中，金融机构对偏远农村和牧区提供金融服务时，管理起来战线长、难度大、成本高。此外，农民小额贷款业务具有数额小、笔数多、有效抵押不足的特点，这些现实存在的问题制约了金融机构对农村偏远地区客户的服务意愿和能力。目前，农村金融机构以农信社和邮政储蓄银行为主，虽然村镇开设了助农取款点和综合金融服务站等新型服务网点，但这种较单一的金融结构布局仍不能满足农村经济发展的需求和农民对金融知识的需求。

4.1.3 结算方式以现金结算为主，农民基本没掌握理财技能

绝大多数村民支付和结算时仍然使用现金，对于网上银行、支付宝和微信等结算手段很少使用，支付结算成本较大。日常消费的支付方式方面，现金的

使用频率最高，其次是微信和支付宝等支付方式。受地理环境、文化素质、收入水平等多方面因素的制约，农民较少使用理财服务。农民除享受贷款类金融服务外，对股票、基金、期货投资接触甚少，这与农村金融服务单一、农民的闲置资金少及规避风险的偏好有着紧密关系。

4.1.4 贫困地区信用环境问题突出，限制农民获得更多的金融服务

内蒙古自治区调研区信用环境建设逐年完善，但仍有部分地区信用违约情况较为严重，一些贫困地区的村民仍存在赖债思想，对贷款本息逾期或是不按期偿还贷款的认识程度不高，不注重个人信用记录，信用环境建设仍然缓慢而艰难。其主要原因是在信用环境建设过程中缺乏制度性设计和惩罚性的约束机制，影响金融机构的信贷投放，限制了农民获得更多的金融服务。

4.1.5 金融教育培训力度不够，金融知识的普及广度和深度有待提高

绝大多数受访者在近期未参加过金融机构组织的金融知识培训和宣讲，了解金融知识的途径大多是通过电视节目学习或是向亲戚朋友咨询，年轻的受访者会采用上网查询的方式获取金融知识。金融机构进行的金融知识宣传，主要集中在城镇，且行为短期化，宣传方式不灵活，宣传活动未能充分考虑到农民文化素质差异、人员流动等因素的影响。这些形式单一、内容简单的宣传，对中青年农民的吸引力不大，无论是在内容上还是在形式上都不能较好地满足农民的需求。

4.1.6 农民整体受教育水平较低，制约了当地的经济发展

内蒙古自治区兴安盟地区的受访者受教育程度整体呈现明显偏低的状况。在受访者中，学历基本都比较低，普遍为初中或者小学毕业，对受教育的渴望程度较弱，教育贫困恰恰是贫困地区贫困问题的集中体现。受教育水平较低的农民群体的收入水平普遍低于受教育水平较高的农民群体。受教育水平低的受访者对金融知识的认知较少，对金融服务的使用方式较单一，金融助力农村经济发展和农民收入水平提高的功能难以发挥。

4.2 对策和建议

4.2.1 全面加强金融对贫困农村的支持，助力贫困地区脱贫致富

金融服务是农村地区尤其是贫困农村发展现代农业、促进农业增产、农民脱贫致富的关键。金融机构应在生存和发展两个层面上助力农村发展，形成适应“三农”特点的有效机制。

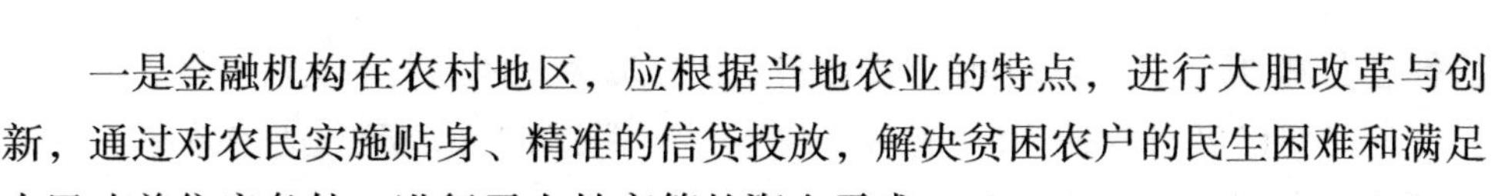

一是金融机构在农村地区，应根据当地农业的特点，进行大胆改革与创新，通过对农民实施贴身、精准的信贷投放，解决贫困农户的民生困难和满足农民改善住房条件、进行子女教育等的资金需求。

二是金融机构要进行业务创新，解决农民发展种养殖项目生产经营等的资金困难。除支持传统的畜牧养殖业发展外，还应支持农业加工企业发展，为乡村旅游、农家乐等小微企业提供信贷资金，发挥金融改革对经济的造血功能，形成农村经济发展的活力。

三是金融机构要创新抵押模式和担保种类，解决专业合作社、专业大户、农户因无抵押融资难的问题。

四是政府也应从财政和政策的角度给予支持，提高金融机构的积极性。

4.2.2 合理布局金融网点，构建多层次的农村金融服务体系

为有效解决广大农村地区金融基础设施缺乏、金融服务缺失的问题，应继续整合资源，合理布局农村金融网点，积极推动各项金融服务向乡村下沉。

一是立足现有的金融机构，充分发挥其职能，努力推进服务模式的不断更新，有效促进贫困地区人口实现自我能力提升和自我发展，通过金融扶贫有效加强贫困人口的金融意识，为改变现有贫困状况奠定坚实基础。

二是围绕服务“三农”、服务社区和服务小微企业，增强自主创新能力，加快建设创新型金融企业，通过差异化的产品、优质化的服务、多元化的渠道及现代化的手段为“三农”提供更全面、更快捷、更有价值的金融服务。

三是构建贴合地区特点的金融网点，以面向农户的小微金融机构为主，如村镇银行、农村金融合作社等。继续发挥助农取款点和综合金融服务站的便民作用，并将农村金融服务功能聚集整合。

四是提高农民的保险意识，在农村开展多种保险业务，减少因病、因灾致贫和返贫等情况的发生。

4.2.3 加快农村支付基础设施建设，扩大现代化支付体系的覆盖范围

一是推动现代化支付手段的普及，降低农民办理支付结算等金融业务的成本，延伸农村金融服务网络。根据农村信用状况和农民的习惯、意愿，加速开发和推广满足农民支付结算需求的支付结算工具。

二是注重农村地区 ATM 的安装、维护和使用方法培训问题，扩大 ATM 在农村地区的辐射范围，宣传普及支付结算基础知识，推广非现金支付结算工具，加

快推进农村地区支付服务基础设施建设，形成城乡一体的网上支付网络。

三是对已经布放的 ATM 和服务网点进行跟踪调查，提升使用效率，减少资源浪费和“面子工程”等现象。

4.2.4 加大农村信用工程建设力度，改善贫困地区的信用环境

一是向农村贫困地区普及个人信用相关知识，提高农民对维护个人信用、建设个人信用重要性的认识，使农民重视自己的信用记录，主动维护自身信用。

二是形成以道德为支撑、以法律为保障的农村信用环境，让农村中讲诚信、重诚信的农民获得更多的信贷支持，让诚信企业获得更多的金融服务，简言之，就是让诚信者得利。

三是充分发挥当地政府的职能，指导农户信用体系的建设，治理和改善农村信用环境，为金融服务“三农”创造良好的信用环境。

4.2.5 提高金融知识普及的深度和广度，形成农村金融教育的长效机制

开展多层次、差异化的农村金融教育，向农民宣讲金融知识，让农民了解金融知识，提高金融素养，运用金融产品，借助金融资源。

一是继续保持传统的金融知识普及的优势，向农民普及金融常识，同时将以往金融知识普及的典型经验和服务模式标准化、规范化，并积极推广。

二是主动查找工作中的不足，持续拓展金融知识普及的深度和广度，构建开展“金惠工程”的长效机制。在农村当地培养一支农村金融知识宣传队伍，利用当地金融机构了解农民、熟悉农民需求的优势，通过开展农村金融知识大讲堂、现场演示农民感兴趣的银行业务流程等多种贴近农民生活的形式，帮助农民更深入地了解金融产品和服务，使金融知识宣传扎根于农村，从而使农民真正享受到便利的金融服务。

4.2.6 大力发展教育，为消除贫困提供智力支持

贫困县的经济发展水平与当地的教育水平存在相关性，“扶贫先扶智”决定了教育扶贫的基础性地位。

一是当地政府应该加大对教育的投入，提高当地的教育教学水平。

二是金融机构应发挥金融的资源配置作用，合理安排信贷资金，加强银政合作，创新金融服务，助力农村教育和扶贫工程的开展。

三是政府在政策上为金融机构支持教育扶贫保驾护航，如可考虑采取对片区金融机构实行差别税率政策等，创造金融支持教育与扶贫工程的良好条件。

附录：典型案例节选

案例 1：贫困县的种粮大户

1. 基本情况：兰××，37 岁，内蒙古自治区兴安盟，受教育程度为初中，承包农田 3000 亩，属于种粮大户。每年的农业收入达到 70 万元，主要为现金收入，未购买农业保险，农业贷款为 25 万元，获得贷款的方式为农户联保，对金融知识了解较多。

2. 简要结论：农业政策扶持力度大，种粮大户生产积极性高，农户保险意识较弱，经济水平越高的农户越重视子女的教育。

案例 2：教育是普惠金融的关键

1. 基本情况：郭××，26 岁，大专学历，内蒙古自治区兴安盟，家中有 5 口人，承包农田 40 亩，为玉米和水稻购买了农业保险，购买了农村合作医疗保险，对金融服务了解比较全面，也较充分地使用了金融服务。

2. 简要结论：农村青年人的受教育程度与风险防范意识正相关，学历较高的青年人掌握一定的金融知识，了解各类金融服务及使用情况。

案例 3：金融知识培训的重要性

1. 基本情况：陈××，30 岁，汉族，内蒙古自治区兴安盟，高中学历，组织成立了合作社，年支出为 15 万元，年净收入为 35 万元左右，农业收入、支出时经常采用支付宝和微信钱包，在医疗保险和理财上有资金投入。

2. 简要结论：应鼓励给予合作社理财等金融知识的培训，这不仅能带动合作社盈利，增加百姓分红，还将拉动农村地区的经济发展，为早日脱贫贡献力量。

案例 4：关注对老年人的金融服务

1. 基本情况：张××，63 岁，吉林省白城市洮南县，妻子 61 岁。有 20 亩人口地，不能获得银行贷款，民间“抬钱”3 万余元。到银行的路程远、路费多，希望增设营业网点。

2. 简要结论：银行等金融机构应该制定相关的惠民扶贫政策，农村金融服务尚未打通最后 1 公里。他是多数老年农民的代表，政府的精准扶贫工作取得了较好的效果，但力度和广度还远远不够，需要社会各阶层帮助农民脱贫致富。

案例 5：感谢政府的惠农扶贫政策

1. 基本情况：林××，45 岁，黑龙江省齐齐哈尔市，初中学历，务农。种植高附加值的蔬菜，家庭收入水平有了较大的提高。感谢政府的惠农政策，新农村合作医疗保险为家里老人报销医药费。

2. 简要结论：农村种植方式的改变有利于提高农户的收入水平，政府的惠农政策避免了因病致贫。

吉林省农村金融精准扶贫模式及对策研究

王　帅

基金项目： 吉林省金融文化研究中心基地项目 JRWH2016（5）

作者简介： 王帅（1984—），女，吉林白山人，长春金融高等专科学校金融系讲师。

2013 年 11 月，习近平总书记在湖南湘西考察时提出："扶贫要实事求是，因地制宜。要精准扶贫，切忌喊口号，也不要定好高骛远的目标。"以习近平总书记扶贫开发战略思想为指导，按照"政府主导、社会参与、自力更生、开发扶贫"的方针，坚持金融扶贫措施和财政、扶贫攻坚部门协调推进相结合，通过金融政策、金融产品以及金融服务创新为贫困户提供金融支持，增加贫困户收入，提高贫困户自我发展能力，是农村金融精准扶贫的目标。通过持续推进金融精准扶贫工作，促进信贷投入总量较快增长，信贷分类定向投入持续增加，显著提高金融精准扶贫成效。在有效确定扶持对象项目、启动生产、扩大自主创业的基础上，通过政策性扶贫资金和金融信贷资金的联动，发挥政策性扶贫资金撬动信贷资金的杠杆作用，放大扶贫资金效应，增加扶贫资金总量，有效缓解贫困农户发展规模化种植、养殖资金短缺问题，更好更快地提升帮扶对象自我发展和可持续发展的能力，加快脱贫致富步伐。2013 年 12 月，中共中央办公厅、国务院办公厅印发的《关于创新机制扎实推进农村扶贫开发工作的意见》中提出要建立精准扶贫机制。精准扶贫、精准脱贫是新时期脱贫攻坚的基本方略，《中共中央　国务院关于打赢脱贫攻坚战的决定》中提出了金融支持脱贫攻坚的一揽子政策。从经济学角度讲，金融精准扶贫就是实现金融资金的优化配置，或者换一个角度说，要尽量减少金融资金的"不精准"配置或"错配"。

1　金融精准扶贫研究综述

国内部分学者以具体地区为例，开展金融精准扶贫研究。胡东生以福建省三明市国家扶贫改革试验区为例，在明确精准扶贫的由来、概念和对金融创新支持要求的基础上，总结该市金融支持精准扶贫的实践创新模式。李澍亚、孙立平、甘团粒介绍了甘肃省庄浪县的基本情况、精准扶贫的主要做法与成效；分析了当前金融支持精准扶贫工作中面临的贫困群众思想认识不到位，产业发

展受到资金、技术、市场的瓶颈制约，金融资源配置依旧失衡，政策性贴息资金不能及时足额到位等主要问题；最后提出了金融支持精准扶贫的对策建议。尤圣光认为，建立和完善农村普惠金融体系，是统筹城乡发展、缩小贫富差距、促进社会和谐发展的必然要求和有效途径，实施金融扶贫是我国农村精准扶贫开发的重要举措之一。他阐述了普惠制金融及金融精准扶贫的内涵，并结合邮政储蓄银行河南省分行金融扶贫的实践，针对面临的问题，给出了解决对策。

2 吉林省农村金融精准扶贫的原则

（1）坚持金融政策与财政政策相结合的原则。

以市场为导向，创新金融产品和金融服务，以财政政策性扶贫资金为着力点，撬动银行信贷投入，充分激发扶持对象发展产业脱贫致富的积极性和创造性，为贫困户量身定制金融产品，完善金融服务，提供金融支持。

（2）坚持重点扶持与区别对待相结合的原则。

坚持重点扶持与区别对待相结合的原则，支持贫困村主导优势产业和特色产业发展，积极为贫困人口、扶贫户和农村创业人员提供资金支持。加大对有发展意愿、发展基础和发展潜力贫困户的金融扶持力度，鼓励贫困户自主贷款、自主发展，优先扶持种养大户、家庭农场、农民专业合作社、小微企业和积极履行扶贫责任的龙头企业，带动贫困村、贫困户共同脱贫。

（3）坚持精准操作与风险防控相结合的原则。

完善思路、改进措施、创新方式，提高金融扶贫的精准性和有效性。各金融机构对已建档立卡的农户进行评级授信，并综合考量其资产及经营状况进行金融扶持。加强信贷风险防控，积极探索支农信贷与各类涉农保险业务的合作模式，鼓励建档立卡贫困户及其经营的产业投保“人身意外伤害保险 + 小额信贷保险”，拓宽“农业政策保险 + 农业商业保险”的保障服务领域，建立贷款风险分散和化解机制，有效防范金融风险。

（4）坚持市场导向与政策扶持相结合的原则。

为涉农产业的发展注入新的活力。

（5）坚持优化服务与风险可控相结合的原则。

发挥政策性扶贫资金的杠杆作用，推动涉农金融机构加大对“三农”信贷投入的力度，在信贷风险可控的同时，切实改进农村金融服务和延长金融服务链。

（6）坚持部门协作联动的原则。

建立财政、涉农金融机构、扶贫等部门之间的协作联动机制，涉农金融机构积极探索建立信贷扶贫的新机制，为争取获得更多的支持奠定基础。

3 吉林省农村金融扶贫现状

吉林省已初步形成了政策性金融、商业性金融、合作性金融和新型金融共同发展的金融服务体系，有力地支持了全省的粮食生产。截至 2015 年，吉林省在农村扶贫方面启动了 200 个村整村推进扶贫开发计划，27.3 万农村贫困人口脱贫，完成了计划的 109.2%。

各金融机构在吉林省农村金融精准扶贫方面都积极配合。例如，邮政储蓄银行吉林省分行坚持服务“三农”发展普惠金融，创新方式服务“三农”。吉林省县及县以下地区的邮政储蓄网点数占全省邮政储蓄网点总数的 71%。邮政储蓄银行吉林省分行每年为近 30 个县（市）的 300 多个乡镇的 120 多万农户代发粮食和农贸综合直补款，超过全省代发总额的 50%，为 60 多万农户代发新型农村社会养老保险（简称“新农保”）基金。它服务涉农龙头企业，为全省 42.7 万农户及小商户提供了资金支持。该行在处于地理区域中心的乡镇已建成 66 个邮政储蓄银行“三农信贷服务中心”，就近覆盖了 500 多个乡镇。在此基础上，该行还积极探索利用地方政府涉农服务机构、邮政便民服务站、自有乡镇网点等各方资源建点建站，解决信息不对称和服务最后 1 公里问题。又如，吉林省农村信用社联合社一直以来紧密结合省情、农情和社情，坚持以“农民致富的银行、微企成长的银行、居民兴业的银行”为市场定位，为缩小城乡百姓、企事业单位享受金融服务差异化程度，大力推进改革创新。再如，农业银行吉林省分行紧紧围绕“吉林要争当现代农业建设排头兵，率先实现农业现代化”目标，突出做大总量、做优投向的基本定位，确定 2016 年农地贷、吉牧贷增量分别超 10 亿元，县域和涉农贷款增量分别超 100 亿元的“双十”“双百”目标，大力支持农业产业结构优化。同时，该行大力推进政府购买服务融资业务，积极支持全省高标准农田、水利、新型城镇化以及教育、医疗、环保等公共服务类项目，省分行成立 3 个专项营销工作组与市县三级行联

动，与各级地方政府进行无缝对接，储备项目151个，拟融资额近170亿元。

但是，吉林省作为农业大省，融资需求多元，发展任务紧迫，目前的农村金融服务还不能很好地满足“三农”发展对金融的多层次、多元化需求，农村金融服务供给与需求之间还有很大距离，而且，目前的农村金融服务相对滞后，对经济发展的支撑和贡献仍显不足。吉林省在金融精准扶贫方面面临的问题主要有：合意贷款增量与扶贫发展资金需求之间的矛盾；贫困识别和金融精准扶贫之间的矛盾；金融体系不完善，金融产品单一；社会薄弱环节的金融服务不足；贫困地区金融知识宣传不足，贫困农户的金融知识缺乏；法律缺失致使金融精准扶贫内生动力不足；农村地区金融机构的市场定位有非农化偏移倾向等。针对这些问题，引进和创新适合吉林省的金融精准扶贫模式很有必要。

4 国内外金融精准扶贫模式比较

本文选取国内外的典型金融精准扶贫模式，即日本的农协（全称为农业协同组合）、孟加拉国的乡村银行小额信贷、宁夏的“互助资金”以及甘肃的“双联惠农贷款”等金融扶贫模式，以期通过对比研究探究开展吉林省精准扶贫工作的模式。

2013年11月，习近平总书记在湘西调研扶贫工作时，明确提出扶贫工作“要科学规划、因地制宜、抓住重点，不断提高精准性、有效性和持续性”。要想做到精准扶贫，而非“大水漫灌”的低效扶贫，就要实施“一类一策”的扶贫措施。如何扶贫、如何拓展贫困农户融资渠道一直以来都是各国关注的话题。许多国家和地区都在致力于探索贫困人口脱贫致富的途径，发达国家日本推出的农协、发展中国家孟加拉国的乡村银行小额信贷等模式已经帮助这些国家在解决贫困人口资金短缺的问题上取得突破性的进展。我国也在积极探索金融精准扶贫的新模式，宁夏的“互助资金”、甘肃的“双联惠农贷款”等扶贫模式为吉林省实施金融精准扶贫措施提供了很好的借鉴。

4.1 国外发展金融精准扶贫的经典模式

4.1.1 日本的农协金融扶贫模式

日本农协是合作金融的基础，被公认为发展“三农”的典型。日本农村金融体系由合作金融和政府财政支持的政策性金融及一般商业金融组成，其中合作金融处于主导地位，能够很好地满足农村中的资金需要。

日本合作金融分为三个层次，从基层的农业协同组合到中层的信用农业协同组合联合会（简称“信农联”），再到居于最高位的农林中央金库和全国信联协会。基层农协由农户及其他社团入股登记成立，直接面向会员提供综合的多样化的服务，其中包括最主要的存贷款业务。信农联作为合作金融体系的中层机构，是连接基层农协和高层农林中央金库的桥梁纽带。信农联接受本县内各基层农协、各农业社团的存款或入股，吸收基层农协的剩余资金，组织农业资金结算、调剂和运用，时刻满足基层农协的融资需求。农林中央金库主要负责调配全国范围内的系统资金，协调基层农协与信农联之间的资金活动，为它们提供指导和信息咨询。全国信联协会是日本各地信农联的中央联络机关，主要针对农村经济金融活动进行调研，提供可靠信息。各层次组织机构之间没有隶属关系，独立经营、相互协作，下一级组织向上一级组织交纳一定存款入股，以便在资金不足时获得上一级组织的供给。

农协以为农户提供便利为主，向他们提供贷款的同时，还提供生产资料统一购买和设施共用业务平台，还有农业经营生产指导和农产品销售业务，特别是农协控股的保险机构和农协医院可以为农户提供保险及医疗服务。正是这样的组织形式加之政府的财政补贴和农业信用基金协会的担保，使农户的收入水平不断提高，城乡差距逐渐缩小，最终实现城乡一体化协调发展。

4.1.2 孟加拉国乡村银行的小额信贷金融扶贫模式

由孟加拉国银行家穆罕默德·尤努斯创办的乡村银行小额信贷可谓是发展中国家一个典型的金融扶贫模式。孟加拉国乡村银行是一种市场化经营、非政府组织从事的小额信贷商业组织。只要每个小组成员按时还款，他们就可以不断从银行获得贷款，而且成员们不仅可以获取贷款还可以从中获得利息分配。组员们自由组合并且相互监督，如果有人违约，其他成员的信誉也会因此受损，因此农户们在挑选组员时都格外谨慎。

自2006年孟加拉国银行家穆罕默德·尤努斯及其创办的孟加拉国乡村银行获得诺贝尔和平奖后，世界各国纷纷效仿孟加拉国乡村银行小额信贷模式，希望可以借此帮助大量农户脱贫。同时，孟加拉国也凭借小额贷款模式使近60%的借款人以及他们的家庭脱离了贫穷线。并且在当时，孟加拉国乡村银行独特的运作方式使它维持了高达97%的还款率，稳居世界银行业之首，目前小额信贷这一模式已被推广到了一百多个国家，成为一种非常有效的扶贫方式。

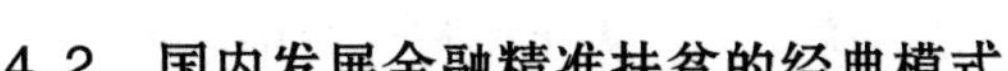

4.2 国内发展金融精准扶贫的经典模式

4.2.1 宁夏“互助资金”金融扶贫模式

2006年，在国务院扶贫办和财政部的支持下，宁夏作为首批试点区之一率先开展了互助资金扶贫试点工作。互助资金金融扶贫模式是以国家财政扶贫资金为基础的扶贫模式，由村民公开选举产生互助资金的管理和监督人员。互助资金的来源包括：中央财政资金、地方财政资金、农户以入股形式自愿存入的资金、利息收入以及社会捐赠资金。每一个互助资金试点村会根据农户的贫困程度给已经入股的农户增配和赠送股份。入股的农户可以获得互助资金的分红，也可以自愿退股、转股。所有资金的投放、使用和分配情况都会对外公示。互助资金主要用于满足农户生产发展的资金需要，一般借款额度不超过3000元，按生产经营周期可以分为一年以上的中期贷款和一年内的短期贷款。另外，互助资金采用五户联保模式，农户自由选择与之信誉相连的其他农户作为担保，他们共担风险，共享利益。互助资金模式在整个实施过程中切实做到了民有、民用、民享、民管。经过几年的实践，这种新型金融扶贫模式为宁夏的农户拓展了新的融资渠道，在一定程度上解决了贷款难的问题。

4.2.2 甘肃“双联惠农贷款”扶贫模式

甘肃地处西部内陆，受地理条件和自然环境等因素的制约和影响，城镇居民、农民人均收入位居全国倒数，属于贫困中的贫困户。为解决贫困问题，农业银行甘肃分行积极响应甘肃省政府号召，精心打造出了“双联惠农贷款”专属产品。由双方签订协议，农业银行每年按照规定提供60亿元信用贷款。2012年，甘肃省财政厅联合农业银行开展双联行动，即单位联村、干部联户。政府出资成立担保公司解决贷款准入门槛问题，农业银行执行基准利率（财政贴息）为贫困用户提供信贷支持。此专项贷款针对特困地区的58个贫困县的农民、专业合作组织和农业产业化企业的生产发展，合力帮助农户脱贫。自此专项贷款启用3年以来，“双联惠农贷款”措施对贫困农户收入增长的贡献率达到2%，甘南藏区能达到5%~6%，颇有成效。

农村金融精准扶贫支持力度不断加大。近年来，甘肃省涉农贷款余额年均增速保持在25%以上，小微企业贷款余额年均增速保持在30%以上，均高于全省贷款平均增速，相比全国的贷款，增幅也是非常高的。截至2015年年末，全省58个特困县区各项贷款余额达到3312亿元，体现了信贷结构调整向弱势产业部门倾斜的趋势。

农村金融精准扶贫创新产品不断丰富。多年来，人民银行兰州中心支行组织开展金融扶贫示范县、支农再贷款示范区等活动，建立金融主办行制度，充分利用货币政策工具，指导、激励金融机构创新薄弱环节金融服务。截至2015年年底，甘肃省金融机构创新推出80多个特色鲜明、贴近“三农”需求的信贷创新产品，受益农户超过290万户。

农村金融精准扶贫服务功能不断完善。截至2015年年底，甘肃省金融机构累计在贫困地区设立助农取款服务点1.1万个、ATM和POS机等自助设备机具5万多个、发卡量达5344.37万张，网上支付、移动支付等新型电子支付方式和农民工银行卡特色服务也得到了大力推广，切实满足了农民各项支农补贴发放、小额取现、转账、余额查询等基本金融服务需求。

农村金融精准扶贫机制机构不断健全。人民银行建立了秦巴山区、六盘山区和四省藏区“三大片区”金融扶贫联动合作机制，有力地加强了贫困地区扶贫开发金融合作，初步形成了种类齐全、功能完善的金融扶贫机构体系。

甘肃省农村金融精准扶贫工作中也存在一些问题。

一是政策配合问题。农村金融精准扶贫不仅需要金融政策支持，产业政策、产权政策、财政政策、社保政策等也要及时跟进、加强配合。从甘肃这几年农村金融精准扶贫发展来看，金融机构做出了很多努力，但是一些配套的产业政策、产权政策、财政政策不到位。

二是供给不足问题。农村金融精准扶贫资金来源主要依靠银行贷款，农村金融精准扶贫发展更需要一些社区银行、村镇银行等小银行。截至2015年，甘肃已成立村镇银行18家，村镇银行服务贴近农民，支农效果非常好，能够解决农民的金融需求问题。但甘肃省86个县市区才成立了十几家村镇银行，远远满足不了农村金融精准扶贫发展的需求。

三是精准度问题。建档立卡工作，数字不准，口径不一致，直接影响银行拿到的扶贫单的准确性、真实性，影响金融精准扶贫作用的有效发挥。

四是可持续发展问题。担保、保险及风险补偿等机制不健全，难以对农村金融精准扶贫提供足够的增信功能和风险保障，导致银行放贷风险不可控，影响农村金融精准扶贫的可持续发展。

4.2.3 咸丰县“邮储精准扶贫贷”模式

2016年，咸丰县的“邮储精准扶贫贷”项目获得2015—2016年度全国“银团合作优秀项目”奖。截至2016年10月8日，咸丰县支行“邮储精准扶

贫贷”受理客户贷款4100万元，放款1800万元，带动830名贫困户脱贫。

咸丰县提出以产业扶贫为依托，以金融服务网格化为支撑，咸丰县支行与咸丰县农村经济管理局（简称农经局）、咸丰县聚龙农业专业合作社联合社（简称聚龙联合社）等联合开发“邮储精准扶贫贷”项目建议。2016年3月，咸丰县支行立项成立了“邮储精准扶贫贷”创新项目开发小组，支行行长任组长，挂职共青团干部负责与金融办、法制办、农经局等外部政府部门沟通协调。项目开发小组在研究《咸丰县金融扶贫风险补偿资金管理办法》《咸丰县扶贫小额贷款贴息资金管理办法》后，制订出台了《邮储精准扶贫贷实施方案》等文件，规范金融扶贫管理，积极探索金融机构参与精准扶贫的长效机制。经过缜密的市场调研和大量研究精准扶贫相关政策后，项目开发小组积极撰写调研报告。2016年4月25日，咸丰县支行成功获得了总行对“邮储精准扶贫贷”项目的批复，批准授信额度为1亿元。

多方联手，全力构建金融扶贫新机制。在传统农业向现代农业转型的关键时期，专业合作社集约化经营、规范化管理的模式对产业转型起着举足轻重的作用，但是受到抵押物不足、管理不规范等条件的限制，专业合作社贷款难、融资难一直是阻碍其发展壮大的首要难题。“邮储精准扶贫贷”项目作为一种新型政银企合作机制，以解决传统专业合作社规模小、资金不足为重点。通过多方努力，咸丰县支行最终达成与县农经局、县聚龙联合社三方合作意向，县农经局、聚龙联合社分别提供500万元共计1000万元作为咸丰县“邮储精准扶贫贷”风险补偿基金，三方按照4.5∶4.5∶1的比例承担信贷资金风险，咸丰县支行按照1∶10的放大比例，对咸丰县内的新型农业产业主体提供规模为1亿元的信贷资金支持，进而带动超过4000贫困户实现脱贫。

产业扶贫，壮大了一批新型农业主体。咸丰县佳昕果蔬专业合作社率先获得95万元“邮储精准扶贫贷”支持，资金到位后，该合作社积极发展生产，在杨柳沟新建生态休闲观光园200亩。截至2016年，咸丰县有农业专业合作社443家，其中聚龙联合社成员达82家，覆盖全县9个乡镇。县支行借助“邮储精准扶贫贷”的资金杠杆效益，把服务对象锁定在聚龙联合社成员中从事农业种植（养殖）、加工、服务的农民专业合作社、小微企业、家庭农（牧）场、专业大户等新型农业经营主体，积极投身精准扶贫，从贷款申请到银行放款的高效运作，有力推动了农业专业合作社健康发展。

由点到面，带动了一方农户致富。项目实施过程中，咸丰县支行坚持把带

动贫困户增收致富作为首要目标，要求信贷资金投向企业或专业大户必须结对绑定建档立卡贫困户，最终实现“企业发展、贫困户脱贫”的目标，建立村集体、贫困户、社员、合作社或企业多方利益联结机制，把专业合作社对贫困户的支持力度与获得的贷款支持挂钩，建立“合作社+贫困户”的运行模式，带动贫困户参与，助力贫困户脱贫致富。聚龙联合社有82家成员社，社员达9000余户，带动贫困户1400余户，达3000余人。咸丰县得利食用菌专业合作社将60万元贷款作为帮扶资金，与95户建档立卡贫困户签订帮扶协议，提供菌棒18500个，为建档立卡贫困户增收11.5万元，吸收当地农户32人务工，进一步拓宽了贫困户增收途径。

“邮储精准扶贫贷”项目得到有效实施，放大了扶贫资金效果，激发了贫困户内生动力，有效提升了金融扶贫的精准性和有效性，对产业扶贫起到了重要的推动作用。

4.2.4 武都农村合作银行“椒红宝”贷款扶贫模式

武都区素有“千年椒乡”之美誉，2012年全国花椒栽植面积约600万亩，产量约1亿公斤，其中武都区花椒栽植面积就达100万亩，占全国的17%，产量达2500万公斤，占全国的25%，花椒种植实现了适宜区全覆盖，销售收入14亿元。武都花椒在1994年和1997年举办的首届全国林业名特优新产品博览会、首届甘肃省土特产品展示会上均被评为金奖。武都区2000年被国家林业局评为“中国名特优经济林花椒之乡”，2001年被国家林业局评为“全国经济林建设先进县”，注册了“历献”“六月黄口梅”“樊家山六月红”“古阶州”等花椒专用商标。全区涌现出花椒收入上万元大户2000多户，从事花椒产业开发的人数达23万人，开发花椒产业的私营企业有9家，出现了栽植、销售和运输大户等一批产业致富带头人及许多依靠花椒发家致富的典型。为满足武都地方特色花椒产业快速发展的要求，2014年，武都农村合作银行（简称农合行）在总结往年花椒贷款经验的基础上，针对花椒贷款发放过程中存在的困难和问题，通过认真梳理归纳，制定了针对花椒产业、切合实际的“椒红宝”贷款项目。

（1）主要做法。

①支持对象。从事花椒种植、收购、加工、贩运等生产经营活动的辖区内农户，以及能够帮扶、辐射、带动花椒产业发展的种植大户、经营大户和农业产业化企业。

②产品特点。“椒红宝”的贷款额度最低为5万元，最高为300万元，贷款期限最长为1年，根据借款人的生产经营状况和偿还能力合理确定贷款额度。

③贷款流程。“椒红宝”的贷款流程为：农户个人或企业自愿申请，区、乡两级花椒协会出具推荐书，按照属地管理原则，由借款人或企业所在地支行或分理处进行调查、审核，对符合发放条件的花椒贷款，上报农合行市场发展部进行统一授信，各行（处）在授信权限内自主发放，超授信权限的再报市场发展部或贷审委，按照贷款条件、程序进行调查、审查、审批。

④还款方式。“椒红宝”贷款实行按月（季）结息，在贷款期限内可采用本金分期偿还或一次性偿还的方式。

（2）创新之处。

①贷款申请便捷。农户或企业可在花椒生产经营过程中的任一时点申请贷款，不论金额大小，均特事特办，优先审批。

②担保方式多样。在贷款资料收集、审核发放上，鉴于农户普遍缺少有效抵押物的情况，采取农户联保、宅基地抵押、林权证抵押、协会领导成员担保承诺、农户购买借款人意外伤害保险等综合形式防范贷款风险。

③风险分担机制。贷款出现风险后，根据与各花椒协会签订的授信意向，协会向行总部书面承诺，对于授信的每笔贷款，协会将积极协助清收，并承担连带偿还责任。

④因户施策，有针对性地开展优惠利率政策。对于讲诚信、还款意愿好、无不良信用记录的贷户可以执行利率优惠政策。

（3）实施效果。

截至2016年，武都农合行累计发放花椒贷款62654万元，其中2015年新增花椒贷款33349万元。“椒红宝”贷款是陇南武都农村合作银行创新金融扶贫和支农模式的有益探索，坚持服务“三农”、服务中小企业、服务区域经济的市场定位，探索性地集中资金解决了对地方经济影响大、政府关心、群众能得到实惠的农业项目问题，优化了信贷结构，提高了涉农贷款占比，确保了服务“三农”的主旨不动摇。

4.2.5 炎陵农村商业银行黄桃产业电商扶贫模式

炎陵黄桃，又称高山黄桃，以“个儿大、形正、色艳、肉脆、味甜、香浓、绿色”的特点享有盛誉。湖南省炎陵县垄溪乡仙坪村过去是典型的“穷山

沟”，种植黄桃后的短短几年，该村已完全脱贫，成了远近闻名的特色水果村，全村 53 户村民户户种植黄桃，年收入人均近 1.2 万元。“黄桃效应”风靡全国，成了株洲市金融精准扶贫的样板。

地处湘东南边陲、井冈山西麓的湖南炎陵县是典型的山区农业小县，位列罗霄山区连片特困地区，有贫困农户 7177 户，建档立卡贫困人口 2.31 万人。为实现扶贫攻坚的整体突破，近年来，人民银行株洲市中心支行在炎陵县将实施产业扶贫作为提高扶贫开发整体效益、增加农民收入的重要举措，因地制宜，逐步摸索出一套金融“1 + N”支持模式，持续加大对黄桃产业的信贷支持力度，全面促进炎陵黄桃产业发展壮大。

金融精准扶贫的前提是精准定位，扶贫也要“扶到点上”。而炎陵黄桃产业就是“产品特色鲜明、竞争优势明显、品牌效应突出、经济效益领先”的特色精品农业产业，是炎陵高效优质生态农业的突出代表。

炎陵县发展黄桃特色产业有着得天独厚的条件。炎陵森林覆盖率达 83.55%，环境质量综合指数居湖南省第一，也是全国最美生态旅游示范县。而高山黄桃生长在平均海拔为 400 ~ 1400 米的深山中，是原生态、无公害的水果。20 世纪 80 年代炎陵县从上海引进锦绣黄桃品种。虽然历经 30 余年的发展，但全县的黄桃种植面积不大，且大多是农户小规模的散户种植发展模式，收成不高，销售主要以炎陵县城及周边县为主。

人民银行株洲市中心支行联合当地扶贫办、经济金融办和金融机构等部门，通过前期细致走访调查，深入了解贫困户情况，确定了立足“炎陵县特有的地形和高山气候”等资源优势，发展“炎陵黄桃”特色产业，帮助贫困群众脱贫致富。

当地人民银行争取地方政府支持编制了《金融扶贫三年规划实施方案》，明确炎陵农村商业银行（简称农商行）为主办行，制定了“实现贫困村建站、贫困户评级授信、扶贫项目银企对接、贫困村贷款注入、支付服务、信用村建设”六个 100% 全覆盖的工作目标。

为落实金融精准扶贫工作要求，炎陵农商行对全县所有贫困农户进行评级授信和等级评定。截至 2017 年年初，该行有效授信贫困农户 6366 户，授信额 2.1 亿元，授信面达 88.7%；建立金融扶贫服务站 6 个，全面推进全县贫困农户信用贷款等金融扶贫业务的办理。思路明确后，关键重在落实。人民银行株洲市中心支行认真贯彻落实各项精准扶贫政策，创新“1 + N”金融扶贫工作

机制，充分发挥央行货币政策工具的引导作用，统筹整合财政、产业等多方扶贫政策，加大金融精准扶贫炎陵黄桃产业的力度。

一是产业扶持打通黄桃产销路。炎陵县政府按照产业发展总体思路，制定了《炎陵县特色水果产业发展（2014—2017年）规划》，明确适宜并推广黄桃种植的重点村78个，其中贫困村51个；为确保炎陵黄桃的品质，县政府多次召开专题会议进行安排部署。例如，开展了品质防控行动，给黄桃贴上了二维码，向国家工商总局（2018年组建为国家市场监督管理总局）成功申请“炎陵黄桃”国家地理标志证明商标认证，开展联合专项打假行动，有效维护炎陵黄桃品牌；为解决黄桃销路问题，县政府亲自出面做营销。一方面，借助媒体宣传平台。如在中央电视台第七频道《每日农经》栏目专题报道了炎陵黄桃，在《湖南日报》、湖南卫视等省市主流媒体以及微博、微信等新媒体积极推介。在长沙、株洲、湘潭及周边城市9条黄金线路的21台公交车和城市交通要道的高层建筑投放“炎陵黄桃”产品宣传广告。另一方面，利用节会营销平台，在各黄桃主产乡镇组织策划了黄桃技能大赛、桃花仙子选拔赛、黄桃大会、开园品桃会等一系列重大节会活动，与中国摄影家协会、湖南摄影家协会联合开展了“美丽炎陵”摄影大赛，使得炎陵黄桃的品牌影响逐渐扩大。通过与电商企业的战略合作，炎陵黄桃实现了与市场的无缝对接，插上电子商务的翅膀，顺畅地走出大山、走向全国。

二是整合财政资金撬动金融资源倾斜。近几年来，炎陵县政府连续出台了推进特色农业产业“一带八基地”建设扶持奖励政策，每年安排扶持资金500万元。从2016年开始，县财政每年预算安排并整合涉农资金2000万元，奖励扶持黄桃种植大户、专业合作组织、商标品牌建设、储藏保鲜、产品营销等。

炎陵农村商业银行有效结合财政专项资金，建立“1+N”金融扶贫工作机制，鼓励相关企业通过“企业+合作社+基地+农户”的模式，扩大生产规模，吸纳更多贫困农户种植黄桃，实现了贫困农户持续脱贫和带动农民增收致富。该行从人民银行借入支农再贷款3.79亿元、支小再贷款1.9亿元、扶贫再贷款1.1亿元，累计发放贷款1.6亿元，全面促进炎陵黄桃产业发展壮大。炎陵县金融扶贫产业项目库已建成并纳入10户扶贫经济组织，其中，炎陵农村商业银行信贷支持产业项目5户，贷款金额达2660万元。该行扶持黄桃种植户210户，累放贷款2200多万元。

三是实施普惠信贷，确保应贷尽贷。在支持黄桃种植业发展的过程中，炎陵农村商业银行坚持做到不“嫌贫爱富”，既要锦上添花又要雪中送炭。对于扩大黄桃种植面积的果农，符合授信条件且额度在20万元以内的，尽量做到当天放款，偏远的农户不超过两天。对有发展黄桃种植意愿的农户，同样开辟绿色通道，手续齐全，一律当天放款。购买肥料、果袋等农资的贷款，随到随贷。黄桃种植规模越来越大，产业化也得到了快速发展。果农纷纷发展黄桃种植专业合作社、果业开发公司、农资经营、育苗基地等。传统的信用贷款已无法满足他们的资金需求，针对其季节性强、流动性大等特点，该行相应的网点采取商户授信、资产抵押以及福祥便民卡等方式提供信贷支持，灵活、高效又节约了资金成本。

四是借力现代支付方式，促进黄桃销售。黄桃上市季节，为能满足收购商及销售商的多样化支付需求，保证资金安全，有效促进黄桃销售，炎陵农村商业银行的各支行及时为商户安装了POS机，开通了网上银行、手机银行，还与果农、收购商约定，凭票支付，有效减少现金交易带来的不便。

4.3 国内外金融扶贫模式对比分析

从几种扶贫模式的长期实践来看，每个模式都有它的优势和不足之处，这些模式的设立和运行也存在着一些共性与差异。

日本农协在整体的构架、功能、推行范围上都要优于其他几种模式。第一，日本最初也存在地主和大量的佃户，第二次世界大战结束后日本推行了农地改革，为农协的发展奠定了良好的基础。第二，日本农协不仅将对应行政级别分成三层，还根据具体职能对每一层划分出种类。以基层农协为例，分为综合农协和专业农协。综合农协主要提供务农指导和生活方面的服务，而专业农协则是针对某一种农产品的经营成立的产购销组织。因此日本农协在整体组织形式上都更为专业化和全面化。第三，日本农协会员中除了按照规定吸收的正式的、有选举权的会员，还吸纳了不在村里从事生产的准会员和兼业农户。因此农协的规模整体上是逐年扩大的。第四，日本农协兼经济功能、社会功能、政治功能于一体，从农产品产购销到生活服务如保险、医疗等方面为农户提供资金、指导和服务。同时，农协对战后初期日本政治的稳定起到了重要的作用。日本农协的金融扶贫模式更倾向于“漫灌式”，而非强调精准。

而孟加拉国乡村银行小额信贷的模式并不像日本农协有这样多层次结构，它设立一个乡村银行总行，下设分支机构。其主要针对的是贫困地区几乎没有抵押物但有贷款需求的穷人，并且具有贷款门槛低、利率高、周期短、资金量小的特点，借款人只要信用良好便可以持续从乡村银行获得贷款。日本农协则面向所有的农户，只要加入协会成为会员即可参与贷款活动。孟加拉国的小额信贷实行市场化经营方式，存款利率客观，调动存款人的积极性。而日本农协则属于政府主导的非营利性机构，因此其通过按比例分配信贷盈余来激发农户的积极性。风险管控也是孟加拉国小额信贷模式的一个很大的特点，即 5 人小组成员间的信誉是捆绑的，1 人信誉受损，其他人也将受到影响，因此组员间有相互监督的权利和义务。日本农协会员只有选举权而会员之间没有相互监督的权利和义务，自身利益并不与他人的信誉挂钩，相互之间完全独立。

宁夏“互助资金”扶贫模式借鉴了孟加拉国乡村银行小额信贷模式。相同的是针对的都是贫困农户，采用的都是小额信贷的方式，实施机构都是不受政府干预的专业机构。不同的是，宁夏“互助资金”扶贫模式明确了资金产权的构成。宁夏“互助资金”扶贫模式通过将国家财政扶贫资金和农户的资金以配股的方式结合在一起，打造一个可以循环使用、不断壮大持续发展的资金池，成功地解决贫困农户资金短缺、小额贷款难的问题，从以往的政府单向扶贫方式转变为互相扶贫的方式，变“输血”为“造血”。宁夏“互助资金”扶贫模式补充了现有农村金融贷款方式，弥补了其他农村金融提供小额贷款难的短板，与此同时还冲击了民间高利贷的市场。贫困农户入股互助资金除了获得贷款和分红资金以外，还能得到互助资金委员提供的生产技术指导，在一定程度上提高了农户的创收能力。宁夏“互助资金”扶贫模式沿用了孟加拉国小额信贷模式对于风险分散的做法，这种利益捆绑方式不仅分散了互助资金承担的信贷风险，同时还增强了农户的还钱意识和诚实守信的责任感。但在具体的实施过程中，还是会存在一些问题，比如部分农户的参股积极性不高、互助资金覆盖面受限、资金总量小、管理经验不足等。

4.4 国内外金融精准扶贫经典模式对吉林省的借鉴意义

从实践来看，几种扶贫模式都为解决贫困农户生产发展过程中的资金短缺、贷款难等问题做出了重要的贡献。由于各个国家相关地区的地理环境、自然资源和贫困情况不同，所以扶贫的对象、力度是不同的，所整合的资源也不同，最终达到的效果也不同。如果没有因地制宜地选取适合的扶贫模式或完全照搬其他模式，势必会引起水土不服，达不到良好效果。孟加拉国乡村银行小额信贷曾风靡世界，被很多国家效仿，之后很多问题逐渐暴露出来。中国内蒙古自治区乌兰察布商都县建立的格莱珉小额贷款有限公司因经营失败不得不交给本土小额信贷机构。其主要原因在于格莱珉在中国的资金投入来源不足，牌照受限。扶贫模式的运行离不开国家政策的支持。

孟加拉国小额信贷可持续发展的市场化经营模式这一立足点是值得肯定的，宁夏“互助资金”扶贫模式也是从这一模式发展而来的。但宁夏“互助资金”扶贫模式在实践中也存在着一定的问题。吉林省在采用互助资金模式的时候，是否可以考虑在资金源头注入其他可行性资金，以解决资金规模小、覆盖面小的问题。

吉林省拥有肥沃土地及良好的自然资源，应充分发挥其农业产业资源优势，参考甘肃“双联惠农贷款”扶贫模式，以扶植具有辐射效应、带头作用的有生产能力的贫困户为导向开展扶贫工作，切实为有生产能力的贫困户“造血”“输血”。

目前吉林省农村地区乃至全国农村地区存在的一个普遍问题就是在村里务农的都是留守老人，从事劳动的农户老龄化严重，医疗费用是农户的很大一笔支出。沉重的医疗负担不仅会加剧贫困，同时会影响一部分农业生产力。吉林省可以借鉴日本农协在机构设置上兼顾经济功能、社会功能、政治功能于一体的设计，拓展合作社或互助资金点的服务功能，可以从农业产购销到生活服务如保险、医疗等方方面面为农户提供资金、指导和服务。

5 吉林省农村金融精准扶贫模式研究

过去十多年间，一些商业银行为了降低投资风险、提高经营效益，逐步退出农村领域，农村经营网点不断减少。与此同时，农村微型金融和农村互联网金融发展较快，因此，要实现吉林省金融精准扶贫，应着力发展吉林省农村微型金融和农村互联网金融。其中，互助资金、小额信贷等都是适合吉林省实际情况的农村微型金融。此外，在金融精准扶贫中，还要注意“理念”扶贫，即让农民转变思想，知道、了解什么是金融，怎样利用金融为自己服务。

5.1 互助资金

一般来说，财政扶贫资金的使用具有一定的规划性，由政府部门自上而下安排，农民的参与程度很低，而互助资金是以农村合作组织为平台建立起来的，以贫困农民的需求为导向来管理和使用资金。以前的财政扶贫资金无法细化到户，而互助资金改变了过去政府定项目、上项目、管项目的运作模式，显

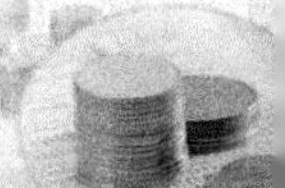

著提高了扶贫资金入户率，扶贫的针对性、实效性都得到了极大的提高。互助资金项目实现了扶贫工作与市场经济体制的对接，贫困人口根据市场需求组织生产，互助资金则为贫困农户的生产活动提供了财力支撑。另外，互助合作组织的宗旨是互助合作、同舟共济，有力地提高了农民的组织化程度和抵御市场风险的能力。

5.2 小额信贷

小额信贷经历了一个正规化、商业化的过程。20 世纪 90 年代中期，我国就有了小额信贷试点，经过这些年的逐步完善，形成了具有中国特色的模式。它有五个方面的特点：一是坚持扶贫到户，以贫困农户为主体，直接把扶贫贴息贷款送到农民手中；二是强调政府部门、金融机构的协作与配合，实行“双线管理”或“三线运行”；三是坚持整贷零还、五户联保、中心会议“三大运行机制”；四是强调以妇女为主，有些项目只针对妇女设定，为妇女提供贷款，提高妇女的地位和参与能力；五是注重发挥政府部门的职能作用，为贷款农户提供生产技术、产品信息等服务，不仅使农户能得到贷款，还帮助农户规划贷款的使用，提高了贷款使用效益和还款率。作为我国信贷扶贫的一种主要形式，小额信贷在促进贫困地区产业结构调整、加快群众脱贫致富中发挥了重要作用。

5.3 贫困村互助资金

贫困村互助资金是近年来扶贫和财政部门为创新财政扶贫资金使用管理机制，更好地解决贫困户“贷款难”的问题而进行的一种尝试。它是以财政扶贫资金为引导，以村民自愿缴纳一定数额的互助金为依托，以其他资金为补充，按照“民有、民用、民管、民享、周转使用”的原则，在特定区域内建立的生产发展资金。其主要特点有以下三点。一是瞄准对象、突出扶贫性。互助资金设在贫困村，服务对象主要是贫困户，集中体现为两个“大”，即资金总量中无偿投入的财政扶贫资金所占比例大，组织成员中贫困人口所占比例大。二是成员之间强调互助性。农户通过缴纳一定的互助资金，形成以资金周转使用为纽带的互助合作关系。三是资金投向具有特定性。资金的使用有严格的限制，原则上只能用于发展生产性项目。

5.4 农村互联网金融

互联网金融已经在促进普惠金融发展、提升小微企业融资覆盖率、降低投资理财门槛等方面做出了巨大贡献。当互联网金融发展渐趋平稳后，整个行业都在探寻下一个爆发式增长点。近年来，农村经济正在走上“电商化”“信息化”的道路，当电商化比例达到一定程度后，2009 年宜信惠民投资管理（北京）有限公司尝试 P2P（点对点）金融，以互联网通过公益小额信贷服务把农村贫困妇女和城市爱心出借者连接起来，至 2016 年坏账为零。互联网金融精准扶贫实践是一个从实际出发不断校验、纠错、总结和提高的过程。

目前，农村金融体系存在征信数据缺失、农户农企融资难、农民资产流动性差等一系列问题，加之传统的农村金融服务主要依赖于金融机构的物理网点，且主要以农村信用社为主，其他金融机构在农村的发展较为缓慢。数字技术和金融服务结合后，天生具有普惠的基因。随着数字金融的发展，农村金融可通过与电子商务、互联网等技术的结合有效弥补传统金融服务的短板，给广大农村居民及个体业主提供便捷、低成本的融资渠道以及灵活多样的场景金融解决方案。其中，发展农村供应链金融便是解决农户农企实际场景需求的有效途径。自 2014 年至 2016 年年初，由国务院、农业部、银监会发布的关于推进农村（农业）供应链金融发展的文件就有 9 个，为其发展创造了良好的政策环境。

供应链金融是产业资本和金融资本的跨界组合，能够实现金融精准扶助产业的效果。“电子商务 + 供应链金融”的服务模式是农村金融服务的创新方案，具有解决农村金融难题与发展现代农业的推动作用。近年来，电子商务积极投身于农村金融供应链，蚂蚁金融服务集团与蒙羊牧业股份有限公司合作推出“羊联体”模式，借助电商的数字信息技术实施全方位风险监控，探索出“农牧民 + 合作社 + 公司 + 银行 + 担保 + 保险”的养殖供应链金融模式，既方便了产品质量控制，也解决了养殖户资信不够的问题。通过充分利用电子商务、属地物流和银行金融服务等多板块资源，可形成具有信息流、资金流、物流、商务流四流合一的先天优势。此外，还可通过建设云平台，创新“互联网金融 + 农村电商”“互联网金融 + 属地物流”“互联网金融 + 跨境电商”等模式，与互联网企业开展合作，通过跨界融合、平台共享来形成新经济时代协同发展普惠金融的新业态。

中国工商银行充分发挥旗下融 e 购电商平台的优势，积极帮助贫困地区增加就业、脱贫致富，开辟了一条“互联网 + 金融资源”的扶贫新路子。截至

2016 年，融 e 购已上线国家级贫困县地区商户 257 个，实现交易额近 75 亿元，带动了一批贫困地区企业优质产品的销售，增加了当地贫困人口的就业和经济收入。

工商银行相关负责人表示，融 e 购商城自 2014 年成立以来就参与到扶贫工作中，在实践中探索出了一系列通过电子商务助力金融扶贫的有效做法。

一是精准开展区域扶贫。融 e 购通过大力推广电政合作模式，以政府/协会背书为品质保障，构建“电商 + 政府/协会 + 企业 + 农户”的支持架构，精准实现扶贫到企、到户。同时，精心打造融 e 购“地方馆”，为贫困地区搭建本地特色产品和旅游资源的集中宣传营销平台。在 2016 年 10 月 17 日国家扶贫日，融 e 购专门针对工商银行定点扶贫县的商户，精选贫困农户的土鸡蛋、空山马铃薯、滋补黑母鸡等 24 款时令土特产在融 e 购首页重点推广，积极推动贫困地区优质农产品走向全国消费者餐桌。

二是精准开展企业帮扶。融 e 购专门针对贫困地区企业提供远程电商平台运营培训、优先给予营销活动支持，培养贫困地区企业的“造血”功能。融 e 购引导企业通过产品回购等方式帮助贫困家庭发展种养殖业，增加贫困人口就业。融 e 购还充分发挥金融资源和客户资源优势，积极拓展面向企业的 B2B 批量销售模式，帮助农业企业和农户增加农产品销售。例如，融 e 购帮助新疆兵棉公司在全国拓展下游买家，为当地棉农放心种棉、安心售棉提供支持，截至 2016 年已实现棉花撮合交易近 50 亿元。

三是精准开展线上慈善活动。融 e 购专门开辟了“公益频道”，引入扶贫基金会等公益基金，开展“积分捐赠”等直接捐赠活动；与平台入驻企业合作开展“销售捐赠”，从商品销售额中提取一定比例进行专项捐赠，用于对建档立卡贫困户的扶贫支持。如融 e 购与四川巴中市市政府联合举办的关注当地留守儿童爱心义卖捐赠活动，销售当地特色巴山土猪肉收入 110 余万元，共为 23 名留守儿童筹集善款 6 万元。

5.5 金融理念扶贫

金融扶贫首先要理念扶贫，通过进村入户、整村推进等宣传形式，帮助贫困群众树立勤劳致富、诚实守信、练就本领、坚守主业的理念；帮助贫困群众提高金融意识，意识到金融是可以为自己和家人服务的，意识到诚实守信是金融扶贫的基础；同时要充分发挥被扶贫对象的主观能动性，不断提高其自我发展能力以实现脱贫致富。

要实施金融宣传教育精准扶贫。建立健全金融知识普及工作长效机制，成立由金融青联组成的集中宣教队和村组干部组成的日常宣教队，坚持金融专业人员集中宣讲与村组干部日常宣传有机结合，在农村贫困地区深入开展金融知识宣传，努力实现贫困人口金融知识脱盲。依托“金融惠民工程”“送金融知识下乡”等项目，积极开展金融知识普及活动，就农村金融改革、小额信贷、农业保险、国债兑付、反洗钱等金融知识广泛进行宣传和培训，提高农户尤其是贫困户的金融意识以及运用金融杠杆发展经济的能力。

在金融理念扶贫过程中，为了实现更高效、更精准的目标，政府可以与高校、银行等机构合作。例如，长春金融高等专科学校受中国金融教育发展基金会委托，开展吉林省“金惠工程”专题调研活动，该校教师带领100余名学生分赴靖宇、镇赉、通榆、大安、龙井、和龙、汪清、安图8个国家级贫困县，进行农村居民金融需求调查，并建立了9个“金融惠民工程、普惠金融、农村金融改革观测点”，作为金融跟踪研究和金融知识普及实践教育基地。为解决实际问题，切实推进精准扶贫工作，2016年，该校校长亲自带领25名处级以上干部，前往对口扶贫单位洮南市永茂乡新胜村开展扶贫攻坚工作。他们进行实地走访，深入了解贫困户情况，倾听村民的愿望和诉求，帮助其分析贫困的根源，制订切实可行的帮扶计划，并为25户一、二类贫困户家庭带去米、面、油等生活用品。实地走访后，工作组与当地领导干部在村部举行了座谈。双方结合村情和贫困户生产生活现状，从政策扶贫、金融扶贫、项目扶贫、教育扶贫等方面进一步研究帮扶思路，并就“柴改电”项目、自来水改造、农民书屋建设、文化广场建设、电商销售等事项进行了深入探讨和论证，确定以自来水改造、文化广场建设、农民书屋建设等为重点，拿出具体措施，加快实施，确保扶贫工作取得实效。双方确定了统筹推进“金惠工程”进吉林“8+1”模式、开展专项教育扶助工程、助推产业开发脱贫等七个方面、21项措施。通过对接，进一步明确了长春金融高等专科学校的扶贫任务，密切了与贫困户的联系，增强了村民脱贫致富的信心。

“金惠工程”是中国金融教育发展基金会开展的金融基础知识教育与培训的全国性公益项目，项目的愿景是推广金融知识，给贫困农民提供改变命运的机会。该项目以国家级贫困县为重点，致力于提升农村基层干部群众的基础金融素质和基层金融从业者的服务水平，改善农村金融生态，提高现代金融服务在贫困地区的可获得性，进而助推国家扶贫开发事业。在“金惠工程”的推

进过程中，长春金融高等专科学校结合开展对口脱贫攻坚工作、农村金融精准扶贫等研究，将“金惠工程”引入吉林省并承担了实地调查和后续科研任务，以扶贫与扶智、“输血”与“造血”结合的方式，共同推进开展金融教育，提高农民金融素质，助力实现吉林省金融惠民、金融减贫和开发式扶贫、精准扶贫目标。

5.6 使用货币政策工具精准扶贫

一是建立货币政策工具引导信贷定向扶持机制。坚持支农再贷款和扶贫再贷款投放与金融机构信贷定向投放扶持对象相结合，力争使货币政策支持再贷款投放量持续增长，涉农金融机构使用支农再贷款发放扶贫贷款总量持续增长，且比例不低于50%。

二是拓展再贴现票据种类，优先办理名单内行业或企业贴现，提高累计贴现率。

三是全面落实差别化存款准备金动态管理政策，给地方法人金融机构释放更多可贷资金。

四是各金融机构要积极向上级金融机构争取信贷规模配置、授信政策倾斜等方面的支持，争取使更多信贷资金投向扶贫区，为加快扶贫开发提供资金保障。

5.7 特色信贷投放精准扶贫

提高信贷扶贫工作针对性，结合贫困对象开展特色信贷扶贫。

一是精准产业发展扶贫贷款。对需要综合扶持的贫困户发放扶贫贴息贷款，解决贫困户产业发展问题。扩大扶贫贴息贷款规模，以到户贴息贷款和项目贴息贷款扶持贫困农户和龙头企业。

二是精准集中供养建设项目扶贫贷款。对需要救助和集中供养的贫困户采取多种形式支持集中供养建设项目实施，通过财政扶贫资金与信贷资金的对接，确保集中供养建设项目如期实施，解决此类贫困户基本生活保障问题。

三是精准助学创业贷款。对需要从教育入手治本挖穷根的贫困户发放生源地助学贷款和创业促就业贷款，解决扶贫对象的教育和就业、再就业问题。探索开展“创业+培训+信用村（户）”模式发放创业促就业贷款，提高贫困农户的受教育水平和就业能力。

四是精准康复扶贫贷款。为需要康复救治的贫困户发放康复扶贫贷款和农户小额信用贷款，解决贫困对象的救助保障问题。

五是精准农户小额信用贷款。完善小额信用贷款机制，提高低收入贫困户申贷获得率，确保农户小额信用贷款占比逐年提高。

5.8 财金融合精准扶贫

加强财政政策与金融政策的协调与融合，整合各类财政奖补资金，充分发挥财政资金的杠杆撬动作用。

一是财政担保基金、互助资金与信贷资金相结合。充分发挥政策的叠加效应和财政资金的杠杆作用，创新互助资金管理模式，完善金融扶贫配套措施，以财政担保基金、互助资金撬动银行信贷资金，增强扶贫投入力度，形成扶贫合力。

二是探索开展信用贴息贷款模式。由财政部门拿出一部分扶贫资金，对金融机构发放的扶贫信用贷款实行贴息，提高扶贫资金的使用效率。

5.9 农村产权抵押精准扶贫

总结近几年来我国其他地区农村产权抵押贷款的成功经验和做法，协调相关职能部门，探索在贫困村开展林权、小型水利设施、农业机械抵押以及经济作物、瓜果蔬菜等生物资产流转交易登记抵押业务，扩大贫困区农村产权抵押范围。同时，积极稳妥地开展农村土地承包经营权抵押贷款和农民住房财产权抵押贷款，有效解决贫困农户融资难问题。

5.10 金融产品创新精准扶贫

金融机构要根据自身实际，因地制宜地探索开发适合贫困地区发展特点的特色金融产品和服务方式。人民银行要创新开展“征信+信贷”模式，各涉农金融机构要探索开展“农业订单+信贷”“龙头企业+基地+贫困农户”“企业+家庭农场”“家庭农场+农民专业合作社”等方式，创新金融扶贫融资模式。

实施农业产业链金融精准扶贫。充分发挥财政涉农资金的引导和杠杆作用，鼓励引导龙头企业探索建立农业产业化发展基金，通过采取“政府扶持+龙头企业带动+银行信贷支持”的模式，推动建立农业产业发展基金，形成农业“产业链、资金链、价值链”，解决农业产业发展融资难问题。要以农业产业化发展基金为依托，引导和推进专业大户、家庭农场、农民专业合作社和农业

企业建立担保基金或通过订单产业等方式建立利益联结机制，为贫困户进行担保，发展产业链金融，推动农业产业化经营。

5.11 差别化利率优惠精准扶贫

各金融机构要把金融扶贫作为履行社会责任的重要举措，坚持“保本微利、让利于农”的基本原则，综合考虑自身资金及管理成本、贷款方式、风险水平等要素，对“扶贫担保基金”担保的建档立卡贫困户、诚实守信信用户以及积极带动贫困村、贫困户发展的能人大户、家庭农场、农民专业合作社和扶贫龙头企业等，给予差别化利率优惠。要采取“以合作社带贫困户、以农业产业化龙头企业带贫困村（贫困户）”的方式，引导带动30%以上的贫困户参与新型农业经营，推动建立利益联结机制和担保关系，提高贷款额度，并给予利率优惠扶持。

5.12 支付结算工具精准扶贫

加快电子机具布放，优先在扶贫村布放POS机、自助电话终端、便民服务终端等基础金融服务设施，建立“金融超市”。在全省农贸市场、大集镇等规模较大的农村交易场所大力推广银行卡、手机银行等非现金支付结算工具，全面推广银行卡助农取款服务，同时，在银行卡助农取款服务点拓展“便民支付+农村电商”综合超市，进一步改善农村地区支付环境。在扶贫村规划设置金融机构物理网点，鼓励金融机构在贫困村开办“惠农服务站”“流动银行”“背包银行”“定时定点服务”等业务，实现金融机构网点覆盖全省。

5.13 银行评级授信精准扶贫

深入推进农村信用体系试验区建设，发挥“城乡居民信用信息服务平台”的作用，力促县政府、银行制定《信用户、信用村、信用乡（镇）评定管理办法》和《贫困农户评级授信管理办法》，从社会、企业、个人三个层面着手，深入推进“诚信吉林”“信用企业”“信用乡（镇、村、户）”创评工作。同时，各金融机构要充分运用评级结果，采取扶优限劣措施，有效解决政府扶农、金融扶贫过程中存在的信息不对称、不全面、不共享等问题。在完成辖区内所有贫困户经济信息采集、系统录入工作的基础上，对符合条件的扶贫户评级授信面达到100%，最终完成吉林省县级辖内全部农户及新型农业经营主体信息采集和建档工作，实现评级授信全覆盖。

5.14 创新扶贫资金管理

以扶贫资金撬动信贷资金，增大扶持资金投入总量，有效缓解贫困农户发展规模化种植、养殖资金短缺问题，创新财政扶贫资金使用与管理模式，增强财政扶贫资金与信贷资金的合力。

6 吉林省农村金融精准扶贫贴息办法

（1）贴息信贷额度。对符合条件的每个农户贴息信贷的额度最高不超过6万元/年；对规模较大的种、养殖大户每户贴息信贷支持额度最高不超过10万元/年；已完成投资总额在100万元以上的种植、养殖基地，贴息信贷额度最高不超过30万元/年。

（2）贴息贷款利率。对符合扶持范围和对象的贴息信贷利率，各涉农金融机构要在央行规定的范围内，按照各涉农金融机构对农户评定的信用等级确定上浮与否，凡信用等级评定为A级及以上，获得全县农村信用示范户、农村党员信用示范户称号的农户，贴息贷款利率一律不上浮，实行各档次贷款的标准利率。信用等级评定在A级以下的，贴息贷款利率上浮幅度应低于同信用级别的其他类型贷款的上浮幅度。

（3）贴息标准。对符合扶持范围和对象的贴息贷款，贴息标准为年利率5%。

（4）贴息时限。对符合扶持范围和对象的，涉农金融机构要按照生产周期要求，发放相应的配套贷款，县扶贫和移民局按贷款期限和限额进行贴息，但贴息时限（次数），累计不超过2年（次）。

（5）贴息贷款办理。符合扶持范围和对象的经济活动主体，可向全县任何一家涉农金融机构或其所在乡镇营业网点申请贷款并向县扶贫和移民局申请贴息。各涉农金融机构，依据申请进行信贷调查、评级，自主决定发放贷款与否和金额大小。县扶贫和移民局根据计划对申请贷款贴息的对象进行界定和审核，符合条件的做出贴息批复。在县扶贫和移民局审核贷款贴息条件期间，不影响各涉农金融机构的贷款行为。

（6）贴息方式。金融支持产业扶贫领导小组对各涉农金融机构上报的扶贫贷款统计数据及县扶贫和移民局提交的贴息批复表，进行真实性、合规性审核，无误后，由县扶贫和移民局在贷款到期偿还后的30个工作日内，通过财政专户直接贴息给信贷发放对象，做到不拖延、不截留。

7 吉林省农村金融精准扶贫的对策与建议

7.1 金融精准扶贫要建立责任片区

精准扶贫的一大要义是精准到位，而金融扶贫要精准到位，首先要解决"谁来扶""扶持谁"的问题。长期以来，由于金融扶贫把脉不准、认知模糊，缺乏与政府扶贫部门的联系与合作，出现了金融扶贫责任不清、目标选择不准等问题，导致扶贫信贷投放力度不强、效益不高。要做到精准扶贫，金融主管部门、金融机构应与地方政府扶贫部门建立联动协调机制，打通金融机构与政府扶贫部门的合作渠道，充分发挥各部门的工作合力。通过对贫困村、贫困户的调查摸底，根据金融机构的实际情况，划定金融扶贫的责任片区，建立金融扶贫主办银行制度，明确各银行机构支持扶贫开发的目标、重点、方式，确定年度工作计划和信贷支持目标。相关部门应督促主办银行按规定的职责、权利和义务履行承诺，切实加大贫困地区信贷资金支持力度，确保金融扶贫主办银行制度有效落实。

扶贫责任主体落实后，主办银行应组织金融扶贫工作小组进村入户，积极开展调查摸底工作，掌握扶贫的第一手资料，精确识别扶贫对象。主办银行和政府扶贫部门应建立联席工作制度，将缺乏生产资金的贫困户分级分类筛选出来，建立内容包括贫困现状、致贫原因、信用状况、所需资金等的金融扶贫信息档案。

金融机构要树立高度的社会责任感和使命感，大力发扬真抓实干的作风，通过深入调查研究，做到遍访、细访贫困村、贫困户，真正了解他们的金融需要。相关工作的领导小组要科学评价、严格考核，适时开展督促检查，不定期走访金融机构、企业及农户，调查了解金融精准扶贫政策的落实情况，研究解决金融精准扶贫工作开展中存在的各种问题。要制定金融精准扶贫工作考核办法，将金融精准扶贫工作领导小组成员单位纳入效能目标管理考核内容，强化对金融精准扶贫工作绩效的考核评价，形成金融精准扶贫合力，全面推进金融精准扶贫工作顺利开展。

7.2 金融精准扶贫要打"组合拳"

与传统扶贫相比，金融精准扶贫就是要变"输血"为"造血"，因此金融扶贫要解决怎么扶、扶什么的问题，要实现农民增收，实现脱贫致富，夯实农

村发展基础。

首先，金融扶贫要有精准的抓手和项目。金融机构和政府部门要密切沟通配合，对贫困村、贫困户做好前期调研规划，在策划扶贫项目时，要因地制宜、切合实际，多了解民意，倾听贫困户的心声，根据本地自然资源和产业特点，建立“公司+农户”“专业合作社+农户”的模式，提高贫困户的参与度，实现资金、技术、生产、加工、销售等互助合作，让扶贫项目成为脱贫致富的动力之源。

其次，金融扶贫要唤醒农村“沉睡”的资源，盘活存量资产，满足贫困人口的金融需求。贫困户，一般是不能提供担保抵押品的。因此，要扩大担保抵押品的范围，大力发展宅基地、土地承包权、农机具、林权抵押等信贷业务。

最后，金融扶贫要建立长效机制。金融扶贫与财政等其他扶贫方式相比，在资金来源、运作方式等方面都有一定的差异，金融扶贫应立足于开发扶贫，既讲资金投入又讲风险防控，走保本微利的发展之路。同时还要着力增强扶贫对象的自我发展能力，最终实现可持续性发展。

7.3　金融精准扶贫应以市场化运作为主

金融精准扶贫应以市场化运作为主，以政策扶持为支撑，坚持市场化和政策扶持相结合，健全激励约束机制。这就需要金融主管部门加大货币政策支持力度，实施倾斜的信贷政策，对投放扶贫信贷资金进行单列考核，给予专项的扶贫再贷款，合理延长扶贫再贷款的期限，在利率上更加优惠一些，在存款准备金方面可实行动态差别对待；监管部门应实行差异化监管政策，适当放宽贫困地区现行存贷比监管标准，对于扶贫信贷资金可以不纳入存贷比考核，对不良贷款比率实行差异化考核，提高不良贷款率的容忍度，从而激励和引导金融机构加大对贫困地区的信贷投放。

对于贡献较大的机构，给予减免营业税和所得税的激励政策，给予财政资金的倾斜。同时，可以建立金融扶贫风险分散补偿机制，引进保险公司、融资性担保公司等，探索小额贷款保险方式，构建风险防范网络。

金融机构应密切配合、强化协作，认真履行职责，发挥行业和职能优势，协同政府部门从人才、资金、技术、项目、信息等方面为贫困村、贫困户提供扶持，确保帮扶措施和任务的落实。相关机构和部门要切实加强沟通协作，及时研究解决工作中出现的新情况、新问题，确保金融精准扶贫工作顺利开展、

全面推进。

全面实施精准扶贫，传递出“转变扶贫方式、创新扶贫思路”的积极信号。金融作为经济的血液，在扶贫开发过程中扮演着越来越重要的角色，金融扶贫同样要有“精准度”，对贫困户要精准识别、精准帮扶、精准管理、精准考核，逐步构建金融精准扶贫的可持续发展模式。金融机构要增强责任和担当意识，加大金融支持力度，充分发挥金融在扶贫开发中的“造血”功能，拓展金融在扶贫开发中的空间，最终实现贫困户、金融机构、社会等多赢局面。

突出能人示范带动作用。建立“农村能人库”，通过“信贷+农村能人+扶贫贴息”方式，加大对能人的信贷扶持力度，支持发展农村新型经济利益体，实施“以一带十”农村能人带动贫困户的帮扶工程。引导农民走集约化、专业化生产之路，形成“乡有能人示范基地、村有能人示范点、组有能人示范户”的发展格局，促使农村经济产业发展和贫困户脱贫致富有机结合。

彰显特色产业扶贫。长、中、短产业相结合，围绕特色产业进行扶持。扶贫过程要真正体现以农民为主体的产业化、规模化经营特性，鼓励和支持“公司+合作社+基地+农户”等种植、养殖基地的发展和壮大，努力构建“一乡一业、一村一品”的产业格局，增强农户特别是贫困户自我发展的能力，形成“家家有致富技能，户户有增收产业”的良好格局。

强化风险管控。各涉农金融机构根据扶持范围和对象，进行信贷调查和评级，自主发放信贷，自主管理风险，监管好资金的使用，做到专款专用，严格限制挪作他用。同时，金融机构要做好扶贫信贷发放后的统计分类工作，加强同县扶贫和移民局的沟通，随时将符合贴息条件的信贷情况，报县扶贫和移民局审批和备案。金融机构要如期将贷款发放、到期偿还信贷的报表，按时上报领导小组。对有不良信用记录的信贷对象，各涉农金融机构在扶贫信贷的发放过程中要严格把关。

做好评估监督。评估和监督内容主要包括贷款利率执行情况、贷款运用情况、贷款风险情况、农村信用体系建设情况等。要落实部门职责，相关单位要明确一名分管领导和具体工作人员负责该项工作，明确工作责任。财政局要做好政策性扶贫资金的按时、足额拨付；县扶贫和移民局要加强工作指导，做好扶贫支持对象的规划，监督政策性扶贫资金的合理、规范、有序使用；人民银行县支行要加强金融支持产业扶贫工作的组织、协调和推动，配合县扶贫和移民局做好扶贫支持对象的规划；各涉农金融机构要做好扶贫信贷的营销和贷后

管理，管控好信贷风险，确保扶贫贴息信贷资金真正用于支持“三农”。特别是要充分发挥农村信用示范户的正向激励作用，对信用评定等级为A级及以上，获得全县农村信用示范户、农村党员信用示范户称号的农户，在信贷准入上要降低门槛，在信贷资产担保、质押方面要大胆创新，简化有关手续。有关部门要做好贴息信贷资金的流向和使用监督检查，杜绝贴息信贷资金挪作他用或夸大种植养殖规模骗取信贷资金等行为。对于查出的贴息信贷资金挪作他用或骗贷等行为，除收回信贷资金外，还要收回贴息款。

做好宣传引导。通过各种形式大力宣传金融支持产业扶贫的意义和工作措施，做到家喻户晓、人人皆知，各乡（镇、场）和有关部门要引导贫困群众积极参与并树立正确的创业观念，教育扶贫对象树立良好的诚信意识，动员广大农户积极参加信用村（镇）、信用农户和农村党员信用示范户等农村信用体系创建工作，做到讲信用、及时还贷，努力提升自身的信用等级，并配合涉农金融机构做贷前信用等级调查与评估工作，形成良好的金融信贷扶贫工作局面。

做好信息反馈。建立信息反馈制度，对金融支持产业扶贫工作中出现的新情况、新问题，领导小组办公室要及时发现、及时向当地党政部门、监管部门、人民银行报告，以便及时采取妥善的应对措施。同时，要及时总结和反馈此项工作中的典型经验和做法，全面推动此项工作的健康持续发展。

有效增加农村金融精准扶贫供给。一是完善金融组织体系。二是健全金融市场体系。创新基于贫困地区各类产权的金融产品，扩大抵押物品种和范围。三是创新金融服务提供方式。精准定位金融扶贫对象和扶贫主体。要实现金融精准扶贫，就要滴灌，不能漫灌。农民的贷款需求放大了以后，100%的农民都需要贷款，都指望银行发放贷款，有限的信贷总量要满足所有农民的信贷需求是不可能的，因此要解决精准的问题。要确保把真正的贫困人口弄清楚，把贫困程度、致贫原因搞清楚，做到因户施策、因人施策，制定差异化扶持政策，找准支持方向和切入点。

努力坚持农村金融市场化发展方向。一是针对农村金融精准扶贫受众人口多、单笔数额小的特点，鼓励发展基于大数据基础的流程简化、系统自助、批量操作的普惠金融模式。二是综合考虑农村金融精准扶贫发展的经济效益和社会效益，对确实很难实现盈利但又确需支持的普惠金融项目，给予一定的倾斜照顾，确保其走保本微利的可持续发展之路。三是坚持市场化运作机制。

充分发挥各项政策的合力作用。一是产业政策方面，积极培育和发展特色优势产业，增强贫困地区对金融资源的承载力，形成经济与金融良性循环、相互促进的机制。二是产权制度方面，尽快破除农村产权流转的制度障碍，推动建立各类产权流转交易和抵押登记服务平台。三是货币政策方面，加大再贷款、再贴现、定向降准等货币政策工具的运用力度，降低薄弱环节的融资成本。四是财政政策方面，加大向贫困地区的转移支付力度，确保各种奖补及时足额到位。充分利用税收减免、贴息支持、融资担保、风险补偿等措施，激励普惠金融发展。五是监管政策方面，建立适应普惠金融发展的适度监管政策，制定科学规范的考核激励机制，为普惠金融市场的公平竞争和创新发展提供规范保障。

参考文献

［1］顾仲阳．实施精准扶贫、精准脱贫，坚决打赢脱贫攻坚战（展望“十三五”）［EB/OL］．（2018－01－03）［2018－02－02］．http：//politics.people.com.cn/n1/2016/0427/c1001－28306797.html.

［2］胡东生．精准扶贫战略与金融创新支持模式探究——以福建省三明市国家扶贫改革试验区为例［J］．福建金融，2015（10）．

［3］李澍亚，孙立平，甘团粒．金融支持精准扶贫工作的调查与思考——以庄浪县为例［J］．甘肃金融，2015（12）．

［4］尤圣光．普惠金融与精准扶贫的研究［J］．当代经济，2016（5）．

［5］黄承伟，陆汉文，刘金海．微型金融与农村扶贫开发——中国农村微型金融扶贫模式培训与研讨会综述［J］．中国农村经济，2009（9）．

［6］［7］王国良，褚利明．微型金融与农村扶贫开发［M］．北京：中国财政经济出版社，2009.

［8］朱鼎和．金融扶贫要建立可持续发展模式［EB/OL］．http：//finance.ifeng.com/a/20160229/14240797_0.shtml，2016－02－29.

［9］刘增彬．日本农协模式对我国农村合作金融改革的启示［J］．武汉金融，2013（7）．

［10］丁竹君．国外农村金融供给模式对我国的启示［J］．财会研究，2011（22）．

［11］欧阳天治，陈文辉，霍帅．论孟加拉国小额贷款制度对我国的启示［J］．网络财富，2008（8）．

［12］王宁兰，张峭，张吉忠．一种新型小额信贷扶贫模式的应用与探讨——宁夏“村级发展互助资金”调研［J］．中国农学通报，2009（21）．

［13］马玉荣．精准扶贫的“甘肃模式”［J］．国际融资，2016（6）．

［14］韩国强．关于双联惠农贷款的实践与思考［J］．农村金融研究，2014（3）．

［15］管珊．日本农协的发展及其对中国的经验启示［J］．当代经济管理，2014（6）．

［16］林万龙，杨丛丛．贫困农户能有效利用扶贫型小额信贷服务吗？——对四川省仪陇县贫困村互助资金试点的案例分析［J］．中国农村经济，2012（2）．

［17］中国农业银行甘肃省分行三农课题组．联村联户　扶持创业　脱贫致富——甘肃分行双联惠农贷案例［J］．农银学刊，2015（1）．

保险文化研究结项报告

刘　静　韩胜男　张亦滩

作者简介： 刘　静（1981—），女，山东济宁人，长春金融高等专科学校金融系副教授。

韩胜男（1989—），女，吉林长春人，长春金融高等专科学校金融系讲师。

张亦滩（1988—），女，吉林长春人，长春金融高等专科学校金融系讲师。

1　研究的背景、意义和文献综述

1.1　研究的背景

保险是一种通过金融手段参与社会治理、调节社会矛盾的保障机制和投资方式。商业保险在“十三五”规划中发挥着举足轻重的作用，它从基础保障、养老、医疗等多个角度补足社会保障制度的短板，从而保障民众利益、提高民众的生活质量水平。随着保险市场的深入发展和开放性不断加大，我国保险业进入了一个高速发展的新时期，随之而来的就是市场竞争的日趋激烈，而竞争的方式已从单一的产品竞争发展到集品牌竞争、服务竞争、营销竞争于一体的多维竞争，并以此演化出复杂的文化竞争。所以，加强保险文化建设，促进保险业健康发展，是目前及未来保险业面临的一项重要任务。

保险文化的建设离不开当前保险业发展所提供的物质基础。1980 年我国恢复保险业以来，在改革开放政策的推动下，我国保险业一直保持持续、快速增长态势。“十二五”时期，全国保费收入从 2010 年的 1.3 万亿元增长到 2015 年的 2.4 万亿元，年均增长 13.4%。保险业总资产从 2010 年的 5 万亿元增长到 2015 年的 12 万亿元。截至 2014 年年末，全国共有保险集团公司 10 家，保险公司 149 家，保险资产管理公司 18 家，其他公司 3 家，全国共有省级（一级）分公司 1766 家，中支和中支以下机构 75097 家，保险从业人员 420.31 万人。保险业已成为我国经济增长最快的行业之一。放眼全球，我国保险市场发展取得的成绩也是有目共睹的，2015 年，我国保险市场全球排名由第 6 位升至第 3 位，对国际保险市场增长的贡献率达 26%，居全球首位。随着我国保险公司竞争力、资产管理能力、风险防范能力的不断增强，保险市场保持了增长较快、结构优化、效益提高、协调发展的良好态势，这为进一步加强保险文化建设打下了坚实的基础。

保险文化的建设同时也离不开国家所提供的各种政策基础。中国保险监督管理委员会（简称保监会）于 2013 年 3 月正式发布了“守信用、担风险、重

服务、合规范”的保险业核心价值理念。2014 年 8 月 10 日，国务院印发了《关于加快发展现代保险服务业的若干意见》，指出要建设有市场竞争力、富有创造力和充满活力的现代保险服务业，使现代保险服务业成为完善金融体系的支柱力量、改善民生保障的有力支撑、创新社会管理的有效机制、促进经济提质增效升级的高效引擎和转变政府职能的重要抓手。这些政策和指导意见的颁布都说明，只有在全行业树立正确的价值理念，才能为保险企业文化发展指引方向，树立诚信优质的保险市场形象，营造健康和谐的保险竞争环境，培育积极正面的保险消费习惯，实现保险行业可持续发展。

1.2 研究的意义

文化是行业综合实力的重要组成部分，保险行业的文化体现着保险行业的凝聚力、创造力和生命力。保险行业文化作为保险业发展的动力，对保险业的发展起着促进作用。加强保险行业文化建设能够提升保险业的“软实力”，进一步规范保险业的发展，进而提升保险业服务社会的能力。同时，加强保险文化建设，能够为保险企业创造一个良好的环境支撑，有利于保险企业发展壮大。

（1）保险文化的建设能促进保险企业可持续发展。

优秀的保险文化具有高度的战略性和鲜明的时代性，不仅对保险企业的发展具有指导和激励作用，又能在整个发展阶段对保险企业的行为进行规范和约束。保险文化通过彰显保险企业的价值观、经营理念，来提升企业凝聚力，帮助企业打造核心竞争力，为保险企业的发展提供不竭的动力。另外，保险文化能帮助保险企业调动内外部的各种资源以达到内部经营与外部环境的协调，使保险企业不断随外部市场环境的变化调整自身的经营战略；并且，能在保险企业不断发展壮大的同时，通过保险产品和企业员工将保险文化传达出去，使保险企业对社会的影响日益加深。

（2）保险文化的建设能促进保险监管体系的健全和完善。

保险文化中的一个组成部分是保险监管文化，其对建立现代科学有效的保险监管体系有着重要的影响。

首先，保险文化为监管体系建立了以人为本的根基，提倡保险监管者、保险从业者和保险消费者之间相互尊重。

其次，保险文化强调监管工作本身的严谨性，约束保险监管者对于监管内容、监管程序和监管规则都要严格恪守。

再次，保险文化使监管不仅停留在“管”上，还要更多地结合保险专业

知识和行政管理技巧体现在服务上。

最后，保险文化降低了道德风险。它一方面帮助人们提高公民意识和公众精神，另一方面能增强监管者的职业责任感和工作忠诚度，使整个监管过程能有序进行，同时提高了监管的效率。

（3）保险文化的建设能促进保险企业管理和服务理念的提升。

保险文化对提高我国保险业的管理水平、改善保险服务起到了积极的作用。保险文化建设有利于建立集科学化、制度化及人性化于一体的管理机制，将传统的过于理性的管理模式，转变为高效和谐的文化管理模式，以文化管理的模式推动内部组织架构、制度架构、业务架构进行有机结合。保险文化帮助保险企业构建服务文化，提升服务水平及客户满意度。保险文化指导保险企业从传统服务模式向现代服务模式转变，改善服务流程，变分散的步骤式服务为售前、售中、售后全方位过程化服务，提高服务积极性，变被动服务为主动服务。

（4）保险文化的建设能加强保险公司人才队伍的建设。

拥有了优秀的人才队伍，保险企业也就具有了竞争优势。保险文化能够帮助保险企业培育团队精神，通过建立利益分配机制和职业发展机制，使团队内部形成团结向上的合力。而对于每个人才个体而言，保险文化又具有教育其自觉学习专业知识、遵守公司纪律、爱护公司资产、珍惜集体劳动成果、自觉维护保险行业整体利益的功能。它促使每个成员发扬优点，克服缺点，不断提高自己的思想素质、业务技术素质和文化道德素质，以适应保险文化的要求和保险行业迅速发展的需要。

（5）保险文化的建设能打造良好的保险营销氛围。

保险文化能帮助保险企业改变原有的粗放式营销方式，改变以往盲目追求经济利益、违规操作的情况，降低各类投诉率，提高社会公众与媒体对保险行业的满意度，确保保险业能长远发展。保险文化将质量、诚信、合规、服务的理念灌输到每个保险工作人员的心中，以文化的约束力降低企业的监督和管理成本，并将保险文化渗透到保险营销的各个环节，在整个保险行业形成持久约束效应。

1.3 研究文献综述

1.3.1 中外保险文化比较研究

大多数学者认为，我国的保险文化与西方的保险文化相比既有相同之处，

也有文化间的差别。

（1）中外保险文化的相同之处。

卓志和孙正成（2015）在对比了中外保险文化以后认为，中外保险文化都经历了从非商业向商业的转变，并且中外的保险文化均具有互助共济和商业交易两种属性。

（2）中外保险文化之间的差别。

卓志和孙正成（2015）认为，国外保险文化的商业性出现得更早，保险活动的参与者更为广泛；我国的保险文化参与群体少，制约了保险职能的发挥。

王国军（2012）认为，与欧美等发达国家相比，我国的保险诚信文化相对缺失，骗保问题相对严重，对欺骗误导行为的惩治力度不足。

李达（2012）指出，西方的保险文化以海洋文化为基础，而中国的保险文化以大陆文化为基础，不同的文化基础造成了中西方保险文化的根本区别——对商品经济的态度；另外，中西方在风险意识和信用文化方面也存在明显的差异。

邢栋（2008）对比了中外保险文化之后认为，西方的保险文化建立在制度的基础上，保险企业追求效率，但文化的灵活性和适应性不强；与之相比，中国的保险文化在适应性和灵活性上明显占优势，但过于灵活会带来忽视制度建设和实施的结果。他建议，我国保险公司要吸收中外保险文化中的精髓，实现行业文化的和谐发展。

1.3.2 保险企业文化建设效果的实证研究

刘冬娇和李立（2014）以湖北省为例，利用OCQ（企业文化量表）模型对湖北省寿险企业和产险企业的保险文化建设效果评价进行了实证研究，通过分析发现：寿险企业和产险企业的文化建设效果存在明显差异，寿险企业的文化建设效果评价低于产险企业；企业领导对文化建设的重视程度会影响保险文化建设的效果；参与者的年龄、性别、从事行业的年限、职位的高低不影响对保险文化建设的评价，但参与者的学历层次对保险企业文化建设效果的评价部分存在着差异。他们建议保险企业在文化建设中，应重视领导的影响力，并根据产险和寿险的不同特点区别对待。

赵希男（2013）利用聚类分析法、理想点评价模型及二元语义信息处理的方法，评价了国有保险企业企业文化的优势。

张宁（2012）利用模糊综合判断法，根据层次分析法确定指标权重，并从内部和外部两方面设定了保险企业文化评价指标。

1.3.3 保险文化建设发展中存在的问题研究

卓志和孙正成（2015）认为，保险业服务社会的全局性、责任性不足，保险文化创造主体缺乏主观能动性，忽视了保险在经营中的诚信文化以及保险文化自身的演化特征。

韩慧敏（2013）认为，当前保险文化建设缺乏战略规划，尚未形成保险核心价值理念，诚信等核心文化元素缺失。

王绥武（2013）指出，目前很多保险企业的文化与现实要求不相适应，文化建设相对滞后，企业精神不够明确。

甄贞（2012）认为，我国保险企业品牌与文化建设缺乏科学的规划，保险文化建设缺乏系统性和持续性，保险文化建设各自为政，难以形成行业整体的品牌形象合力，保险企业的经营方式与可持续发展的文化建设目标背道而驰。

付中丽（2012）提出，目前我国的保险文化建设缺乏科学规划，忽视了外在环境建设等，这些问题都制约着保险行业的发展。

尹彦群（2011）指出，与国际保险行业以及国内其他行业相比，我国的保险文化建设工作相对滞后，销售误导和理赔困难仍是保险业亟待解决的问题；另外，保险文化缺乏鲜明特色、保险公司文化建设的责任主体不清晰也是当前我国保险文化建设工作所面临的巨大挑战。

徐鹏（2011）认为，目前我国对保险知识以及保险行业的宣传不足，保险文化建设缺乏科学的建设手段和媒介手段，导致保险文化建设无法取得令人满意的成效。

迟美华（2010），从企业文化的内涵认识、文化建设手段和组织保证、文化体系及文化建设的随意性等方面提出了我国保险文化建设中存在的问题。

邢栋（2008）指出，在保险文化的初期发展阶段，主要表现为文化底蕴不足、缺乏优秀的保险文化元素、特色不鲜明。

邢天才（2009）指出，我国的保险教育创新不够，和保险业发展不匹配，主要表现在：一是保险行业和教育行业联系不够紧密；二是保险教育和保险实践相脱节；三是保险人才培养和市场需求对应不紧密；四是保险教材和保险教育不相适应。这些方面的问题制约着保险教育的发展，也影响着保

险文化的建设。

袁力（2008）认为，各家保险公司的品牌建设战略趋同，品牌建设管理工作薄弱，考核制度不完善。

陶红（2006）认为，中外的保险公司在保险经营、保险管理、保险创新及保险消费者等方面都存在文化差异。

1.3.4 加强保险文化建设的建议研究

吕志华（2016）认为，新形势下的保险文化要接纳各种新的思维，做到海纳百川，为保险文化建设注入新的力量。

卓志和孙正成（2015），将保险文化转型作为构建保险文化的必然结果，并强调保险文化转型的核心内容是继承和创造，转型中既要继承传统保险文化的精髓，又要融入新的内容和元素。他们认为，保险文化自觉对保险文化的升华具有推动作用，指出政府、保险监管机构、保险行业协会、保险学会、保险公司、保险中介机构等在提升保险文化的过程中都具有不可替代的作用，应各司其职。

朱进元（2015）提出，要用中国传统文化支撑保险文化，助推保险文化的发展。

黄璟（2015）提出，保险文化建设要回归保险最初的保障功能，要寻找社会法制创新形式与保险的结合点，建立健康的保险生态。

鲍威（2014），从传播学视角阐述了如何利用5W（传播者、信息、媒介、受众、反馈）模型的思维和方法推动保险文化的传播。

牛新中和赵冰（2013）提出，保险文化建设要践行保险业的核心价值，即以诚信文化为基础，以责任文化为动力，以服务文化为核心，以合规文化为目标，推动保险行业与消费者权益实现共赢发展。

韩慧敏（2013）提出，责任、诚信、人本、合规、协作、创新是保险文化构建的六个核心要素，提出了保险文化建设“三步走”的战略，即文化凝练、文化初成、文化辐射。

陈永（2013）认为，市场环境是保险文化的决定因素，所以要加强保险文化建设必须规范保险市场的经营，提高行业公信力，并建议从行业理念、行业品牌、行业监管、核心产品、激励机制、人才培养、团队意识、学习型组织、晨夕会制度等方面开展保险企业的文化建设工作。

王绥武（2013）建议，保险文化建设工作要突出创新、突出主导、突出宣传、突出先进，并要突出操作性和长效性。

袁毅阳和刘应元（2013）认为，保险营销文化是保险文化建设中的短板，保险产品开发文化是长板，强调保险文化建设要补齐短板，并发挥长板优势。

朱进元（2012）强调，信守承诺、自觉自律、共赢共进、蕴含慈善、锐意进取是深化保险行业文化建设的要素，加强保险文化建设要着力推进文化在基层的落实转化。

甄贞（2012）建议，从企业战略角度，对文化建设的执行力度以及企业对于文化建设的行业责任等方面开展保险行业的文化建设工作。

付中丽（2012）建议，在加强保险文化建设的过程中，要注重对细致入微的服务文化的培养，倡导企业团队文化，并要加强法制文化建设，规范保险文化的发展秩序。

夏阳（2012）建议，利用微博平台创新保险文化的传播方式，保险监管机构、行业协会可以开设官方微博，引导社会舆论，给行业树立文化标杆。

尹彦群（2011）认为，加强保险文化建设，第一，要使保险企业充分认识到文化建设的重要性，将文化建设提升到一个新的高度；第二，要改善文化建设的政策环境，在政策上引导和推进文化的品牌建设；第三，要不断完善客户服务体系，提升客户价值；第四，要完善服务监控体系，提升客户满意度；第五，要提高理赔速度，以品牌、实力打动客户，建立行业文化的社会效益。

徐鹏（2011），在分析了影响媒体保险文化建设的因素之后，建议要优化媒体组合，以媒体的方式塑造鲜明的保险业形象，使社会公众更加透彻地理解保险的本质，引发对保险行业的关注和思考。

迟美华（2010）认为，加强保险文化建设首先要提高保险企业对文化建设重要性的认识，结合我国构建和谐社会的要求，建设适合企业自身发展特点的精神文化，在此基础上建立保险企业的制度文化，塑造良好的保险企业形象。

邢栋（2008）认为，完善和创新保险文化建设，首先要做好保险文化的宣传普及工作，要坚持以政府为主导、传媒为载体、行业为主体的宣传形式，将长期滚动式和短期阶段式结合起来，将诚信文化作为规范保险行业文化的重点，从经营机构、社会公众、行业协会和学会等多层面推进诚信文化建设。

周海（2008）认为，构建保险文化要有明确的目的性，要注重实践，要注重企业价值和员工价值的统一性，在保险企业文化建设中导入 ES（员工满

意)、CS（客户满意)、CIS（企业识别系统）战略以树立“以人为本”的管理思想、树立“以市场为导向、以客户为中心”的经营理念、塑造保险企业良好的形象。

李少芳（2008）建议，加强保险文化建设要坚持原则、明确目标；要循序渐进、逐步深入；要多方参与、齐抓共管。

袁力（2008）建议，加强领导的协调能力，进一步使其提高思想认识及工作的执行力。

综上所述，关于保险文化的理论研究大都侧重于保险文化的某一个或某几个方面，大多基于大的理论方面的赞赏或者批评。虽然对于各个企业在探索自己独特的文化建设方面都有建设性的指导意义，但是并没有从保险文化建设自身的角度探索文化建设中所取得的成绩和存在的不足，并从这些不足中有所反思。

2 保险文化的理论研究

2.1 保险文化的含义

文化是一种在物质条件影响下出现的精神凝聚，它并不是统一的，也不是一成不变的，而是在不同的社会领域、社会团体和社会成员身上表现出的特有形式，展现出具有地区特色的、独特的文化特征。保险文化是指在保险业长期经营发展的基础上出现的，并为保险行业成员所认同和遵循的行业规范、道德准则、工作习惯等。具体来说，保险文化的内涵包括“守信用、担风险、重服务、合规范”的保险业核心价值理念，还包括“以人为本”“与时俱进”“可持续发展”等理念，并且随着保险业的不断发展，保险文化的内涵也在不断丰富，不断指导着保险行业的发展繁荣。

（1）守信用。

守信用，即最大诚信原则，是保险业最基本的道德规范和行为准则。保险的本质是一种合同行为，它为被保险人未来可能出现的损失提供保障。因未来风险损失的出现具有不确定性，所以保险合同的签订、生效和履行的基础在于双方的信用，尤其是保险人不能违背合约中的各项承诺，不能欺骗被保险人，也不能侵害被保险人的利益，要尽最大努力履行自己的义务，向消费者提供最为诚信的服务。守信用不单能为保险企业树立良好的形象，还会赢得社会公众对保险行业的认可和支持，提升保险业在经济社会中的影响力。

（2）担风险。

担风险，是风险最基本的功能，是风险保障的基础，也是保险的本质属性。保险企业经营各种各样的保险业务，在这个过程中，各个保险企业通过专业化和市场化的风险管理手段，降低风险出现的概率，将风险在整个经济体中分散，为被保险人提供保障或经济补偿。分担风险是保险企业的基本责任，通过收取保费将被保险人的风险转嫁到自己身上。保险公司坚持这一基本责任，不仅是一种简单的损失补偿，还帮助人们恢复生产生活秩序，更深层次的其实是维护社会的稳定，为经济的发展提供强有力的后盾。

（3）重服务。

重服务，是保险合同质量和保险保障程度最直接的体现。因为保险产品是一种无形的合同保障，没有可以触及并衡量质量的基本方法，因而保险服务就成了保险合约现实价值的承载体。被保险人通过保险服务了解保险保障范围、签订保险合同、办理保险赔偿手续；社会公众通过保险服务了解保险行业、信赖保险企业。保险服务是保险公司最大诚信原则的实际表现，也是分担风险给被保险人带来真正利益的窗口。保险企业坚持提供最优质的，更精细、多样、专业、人性化的服务，最后会真正使保险的理念深入人心，迎来保险业和社会的共赢发展。

（4）合规范。

合规范，是保险行业应该遵循的行为准则，也是保险市场环境健康的标准，是保险企业经营活动能长远发展的决定性因素。合规范要求保险企业和保险从业人员在开展相关经营活动时必须严格遵守国家法律法规、监管要求、行业规则规范、职业道德准则等具有约束力的文件以及更广意义上的诚实信用和公平交易的行为准则。合规范是保险业核心风险管理活动之一，健全有效的合规风险管理机制是培育良好市场秩序的基础，也是保险文化的主要组成部分。保险行业应树立合规经营意识，培育合规文化，建立合规考核制度，约束市场主体行为，使保险市场的参与者依规行动，从思想上重视规范，事事以规范为准绳，在行动中遵守规范，处处以合规为目标，使经营结果符合规范。

2.2 保险文化的特点及建设的主要特征

2.2.1 保险文化的特点

保险文化在长期的发展中逐渐形成了独特的行业文化特点。

首先，保险文化具有约束性。保险文化的核心价值、行业准则会以一种无形的力量对保险从业人员产生约束力，规范保险从业人员的行为。

其次，保险文化具有长期渐进性。保险文化的形成不是一蹴而就的，它是伴随着保险行业和保险企业的发展逐步形成的，是全行业共同努力的结果。

最后，保险文化具有延续性。优秀的保险文化会带动保险行业的发展，为保险行业的发展注入动力，保险行业的发展也会进一步促进保险文化的进步，形成良性循环。

2.2.2 保险文化建设的主要特征

（1）保险文化建设具有社会性。

保险业在我国国民经济的发展中占有非常重要的地位，是企业和个人防范风险的重要保障。保险文化建设不仅要适应保险企业、保险行业的发展特点，更要与社会发展的主流文化相适应，使保险文化建设的发展方向与社会文化建设的大方向保持一致。

（2）保险文化建设具有融合性。

各行各业的发展都有风险的存在，因而保险业服务的对象存在多样性。多样性的客户群体必然导致保险业在发展中会与多种不同文化产生冲突和摩擦，这就要求保险文化在建设过程中不断调整和适应，在差异中寻找共性，不断提高文化间的融合度。

（3）保险文化建设的信用特征。

保险文化建设不仅是一种文化建设，同时也是一种信用建设。当前，我国的保险文化建设应不断完善全行业的信用体系，为保险业的发展创造良好的信用环境。

2.3 保险文化建设对保险行业发展的重大意义

我国的保险业经过30多年的发展，经历了从无到有、从弱到强的过程，取得了举世瞩目的成就。但与此同时，我国的保险业也面临着核心价值缺失、保险文化的发展落后于保险企业的发展，以及保险行业社会地位不高等问题。当前，保险文化建设的滞后已经严重制约了我国保险业的发展。好的保险文化能够指导行业的发展，促进保险企业科学地经营和管理，真正发挥保险的社会风险管理职能。只有健全保险企业的文化，才能够使保险企业得到社会公众的信任和认可。因此，加强保险文化建设对我国保险行业的发展具有重大意义，是构建保险行业核心价值的必要之举。

优秀的保险文化是行业之魂、行业之本，是行业生存发展的不竭动力。优秀的保险文化作为保险业发展的软实力，不仅能够提高保险业的综合实力，增强企业竞争力，而且对于树立行业的良好形象能够起到一定的促进作用。当前，在国家着力推进文化建设的大背景下，保险业只有紧跟时代的步伐，加强保险业的文化建设，才能实现我国保险业的腾飞。

优秀的保险文化可以提高保险公司的竞争力，吸引更多的客户，可以促进理念文化、制度文化和行为文化的建设，促进保险行业的健康发展。优秀的保险文化能够提高人们的保险意识，为保险监管创造良好的市场环境。同时，优秀的保险文化是社会主义先进文化在保险业中的具体体现，是构建社会主义和谐社会的重要组成部分。

2.4 保险文化中的诚信问题

诚信是保险文化的主体，是保险企业生存和发展的生命线。诚信是保险经营之本，保险经营应该建立在诚信之上。但是长期以来，行业诚信一直没有得到规范性的管理，致使业内仍存在一些误导客户、欺诈客户、影响行业形象的行为，这些问题值得深虑。

2.4.1 诚信原则

（1）最大诚信原则。

诚信原则是世界各国立法对民事、商事活动的基本要求。任何一项民事、商事活动，各方当事人都应遵循诚信原则。《中华人民共和国保险法》第五条规定："保险活动当事人行使权利、履行义务应当遵循诚实信用原则。"由于保险经营的特殊性，在保险合同关系中对当事人诚信的要求比一般民事活动更严格，要求当事人具有"最大诚信"。

诚信就是诚实和守信用。诚实是指一方当事人对另一方当事人不得隐瞒、欺骗；守信用是指任何一方当事人都必须善意地、全面地履行自己的义务。最大诚信的含义是指当事人真诚地向对方充分而准确地告知有关保险的所有重要事实，不允许存在任何虚伪、欺骗、隐瞒行为。而且不仅在保险合同订立时要遵守最大诚信原则，在整个合同有效期内和履行合同的过程中也都要求当事人具有"最大诚信"。

最大诚信原则的基本含义可表述为：保险合同当事人订立合同及在合同有效期内，应依法向对方提供足以影响对方做出订约与履约决定的全部实质性重要事实，同时绝对恪守合同订立的约定与承诺。保险合同双方在签订和履行保

险合同时，必须以最大的诚意，履行自己应尽的义务；保险合同双方应向对方提供影响对方做出签约决定的全部真实情况，互不欺骗和隐瞒，恪守合同的约定与承诺，否则保险合同无效。

（2）规定最大诚信原则的原因。

最大诚信原则在保险中的存在是由保险经营活动的特殊性所决定的。这主要源于海上保险。因为在海上保险中，投保的船舶和货物往往远离保险人，保险人无法对投保的财产做实地查勘，只能根据投保人的陈述来决定是否承保及以什么条件承保。因此，投保人的陈述是否正确属实，对于保险人来说是至关重要的，所以英国早在《1906 年海上保险法》第 17 条就规定："海上保险合同是建立在最大诚信基础上的合同，如果任何一方不遵守最大诚信，他方可以撤销该合同。"以后这一原则被运用于各种保险，成为保险领域中的一个基本原则。

在保险业务中规定最大诚信原则有其特殊的原因。

一是信息不对称。所谓信息不对称，是指保险合同双方当事人对与保险合同有关的信息了解程度不一致。信息不对称体现在两方面。

一方面，在保险经营活动中，保险标的始终被控制在投保人或被保险人的手中，保险标的既广泛，又复杂，投保人对保险标的之风险状况应当是最了解的；而保险人则只能依赖投保人的告知和陈述来承保并确定费率。这就要求投保人本着最大诚信原则履行告知和保证义务。

另一方面，对于保险合同条款而言，保险条款既复杂，又有很强的专业性，而且一般由保险人事先单方制定，投保人或被保险人一般很难理解和掌握，并且对基本条款无力改变，只能表示接受或不接受。因此，要求保险人本着最大诚信原则履行其应尽的义务。

可见，最大诚信原则的目的是保护保险合同当事人双方的合法利益，是对信息不对称这一缺陷的弥补。

二是规定最大诚信原则也是保险本身所具有的不确定性决定的。保险人所承保的保险标的，其危险事故的发生是不确定的，而对有些险种来说，投保人购买保险仅仅支付了较少的保费，当保险标的发生保险事故时，被保险人所能获得的赔偿或给付金额将是保费的数十倍甚至是数百倍。因此，如果投保人不能按照诚实信用原则来进行保险活动，保险人可能将无法长久地进行保险经营，最终也给其他的投保人或被保险人的保险赔偿或给付造成困难，造成无法弥补的损失，以及合同无法履行的局面。

2.4.2 诚信对保险公司的重要意义

（1）诚信是保险公司维护信誉的基本要求。

保险是通过合同方式来处理风险的经济补偿制度，是保险人与被保险人之间的一种契约行为，是一个关于未来的承诺，它为被保险人安排了一个“可以预测的未来”。从本质上来讲，保险公司经营的是一种信任关系，信誉是企业的生命线。

（2）诚信是保险合同的基础。

为了保证合同的公平性，双方必须坚持以诚信为原则的协商和合作态度。营销人员应当向投保人说明保险合同的条款内容，而不能误导客户；客户也要如实告知自己的情况。这是确保合同能够顺利履行的基础。

（3）诚信是保险产品特性的要求。

首先，保险产品是无形的，是以保险公司的信用向客户所做出的承担保险责任的承诺；其次，保险产品是特殊的产品，并不是生活必需品，这就决定了客户决定购买之前必须对保险产品和保险公司具有充足的信心。此外，一般的保险产品都具有一定的期限，许多寿险保单甚至贯穿被保险人终生，这些都对保险公司的信用程度提出了很高的要求。

（4）诚信是保险公司品牌管理的核心，是提升公司竞争力的主要内容。

保险经营的最高境界是在社会公众中树立良好的公司品牌形象，以此实现经济效益和社会效益的双赢。而品牌管理的核心是坚持诚信、维护信誉。在保险市场竞争如此激烈的今天，提高保险诚信度、营造良好的信用氛围是提高公司竞争力的重要内容。

2.5 保险经营中的文化理念

保险公司要实现稳健成长，需要技术、制度和文化理念的和谐发展。先进的技术、完善的管理制度和正确的文化理念，是保险公司成功的基石。技术和制度可以从先进的国家学习和复制，但正确文化理念的树立，是一个需要长期努力的过程。

2.5.1 树立长期发展、注重品质、提供保障的经营理念

随着保险市场竞争的加剧，每个保险公司都会面临短期的业绩压力，但是在追求短期绩效的同时，一定要坚持长期发展的理念，强调业绩提高的持续性和稳定性；在提高市场占有率时，要注重产品质量和服务品质，这样已有的市

场份额才不会丢失；在实现产品多元化的同时，还要坚持保险提供保障的基本观念，不要一味追求产品收益。

2.5.2 将中华文化中的优秀理念融入保险经营中

我国的保险思想和实践历史悠久。公元前3000年，中国的一些商人在扬子江的危险水域运输货物时就采用了一种分散风险的办法，即把每个人的货物分装在不同的船上，以免将货物装在一条船上有遭受全部损失的风险，这是水险起源的最早实例。这种分散风险的方法体现了现代保险和风险管理的一些基本原理。

公元前2500年，我国的《礼记·礼运》中有这样一段话："大道之行也，天下为公，选贤与能，讲信修睦。故人不独亲其亲，不独子其子，使老有所终，壮有所用，幼有所长，矜、寡、孤、独、废疾者皆有所养，男有分，女有归。"反映了谋求社会安定大同、互助共济的社会保险思想。这一记载足以证明我国古代早有谋求经济生活之安定的强烈愿望，实为最古老的社会保险思想。

春秋时期，孔子的"耕三余一"思想是颇有代表性的见解。孔子认为，每年如能将收获粮食的1/3积储起来，这样连续积储3年，便可存足1年的粮食，即"余一"。我国历代还有储粮济灾的储备制度，如春秋战国的"委积"制度、汉朝官办的"常平仓"制度、隋唐官督民办的"义仓"制度等，都是由政府统筹，以实物形式实施的救济制度，带有明显的以丰济灾、弥补损失的社会保障性质。

保险制度发迹于互助、保障思想，在中国，保险更成了国泰民安、实现大同理想社会的途径。居安思危，通过保险，让自己和家人的生活有保障、更幸福，保险是"爱"最为直接和突出的表现。保险是责任，是对客户的承诺。客户是委托人，把资金交给专业的保险公司经营，对资金安全要求很高；保险公司成为受托人，管理客户的资金，在保险事故发生时，提供资助、化解危机。因此，保险公司在保险事故发生时，赔偿损失或者给付保险金，让损失减少到最小，这就是保险公司的责任。保险是使命感。保险涉及千家万户的利益，关系到无数家庭的福祉和社会的安定繁荣。因此，专业经营、诚信推销是每一个保险从业人员肩负的使命。

保险公司通过保险经营，为每一个人设计适合的保单，让他们的生活得到保障，让每一个家庭温暖和幸福。个人有保障，家庭生活幸福，社会就安定，社会安定会给经济发展带来好的基础，经济就会繁荣发展。有了这样的文化理念，保险经营就不会被短期利益所干扰，不会忽视业务和服务的品质，公司才能长期健康地发展下去。

3　我国保险文化的发展轨迹

3.1　我国保险文化在保险业不同发展时期的特征

西方发达国家的保险业已有几百年的发展历史，而我国的保险业只有短短几十年的发展时间，文化底蕴不厚，中国要形成先进的保险文化，还需要在很长的时间里付出更多的努力。在保险业的不同发展时期，我国的保险文化呈现出不同的特征。

3.1.1　单调贫乏的保险文化

中华人民共和国刚成立时，我国只有一家全国性的保险公司——中国人民保险公司，保险市场由它垄断经营。直到中国太平洋保险公司以及中国平安保险公司相继成立后，竞争的局面才逐步形成。在这期间，只有很少一部分人对保险有认知，保险产品匮乏；保险服务在日常生活中很少被提到，很多人非常排斥保险；保险业对内对外都处于封闭状态。没有发达的保险市场，缺少形成良好保险文化的土壤，保险只表现为单一的宣传。

3.1.2　保险文化的初步繁荣

随着中国太平洋保险公司以及中国平安保险公司的成立，产生了保险业竞争的局面。1992 年，美国友邦保险公司在上海开业，标志着外资保险公司进入中国，结束了中国保险业对外封闭的状态。1996 年后随着新华人寿、泰康人寿等国内一批股份制保险公司相继成立，国外一些优秀的保险公司也陆续进入中国，中国保险业开始出现多元化的保险文化。另外，保险经纪、保险公估以及保险代理等中介机构也如雨后春笋般成立，给保险文化增添了不少色彩。人性化的服务、个性化的产品、市场化的竞争手段成为保险文化的重要组成部分。保险文化的初步繁荣使保险被越来越多的人所接受，人们的保险意识也有了一定程度的提升。

中外保险主体在市场中产生碰撞，既表现为不同文化间的冲突或离散，又表现为不同文化间的交汇或融合。由于外资保险公司是跨国体、跨民族、跨地域、跨政体的特殊企业，而公司的大多数管理人员和普通员工是中国当地人才，因此外资保险公司要建设具有本国特色的企业文化，实施公司的经营战略，树立公司的价值标准、经营理念、行为模式等，必然遇到“水土不服”和文化冲突等问题。外资保险公司在碰撞中不断吸取经验、总结教训，在文化的交汇与冲突中逐步成长。而中资保险公司与外资保险公司在同台竞技和对抗的过程中开阔了视野，见识了理性经营哲学和先进的技术，它们彼此学会了模仿与借鉴。

3.1.3 保险文化的进一步繁荣

随着中国保险业入世过渡期的结束，中国保险市场已全面走向开放。越来越多的外资保险公司涌入中国，且在数量上已超过中资保险公司。在深度开放的市场环境下，中外双方在继承自身优秀文化元素的同时，主动消除差异和冲突，出现了相互融合的局面。中外保险文化的融合使中国保险文化水平不断提升，进一步走向繁荣。尤其是近些年，越来越多的企业认识到保险文化的重要性，为吸引更多的客户，各保险公司都在建设自己独具特色的保险文化。

3.2 融合的保险文化将是我国保险业的主流文化

从保险文化在我国保险业不同时期的发展轨迹可以看出，保险文化具备很强的融合性。在完全开放的环境下，保险经济走向全球化、一体化，中外保险文化的融合更加成为不可逆转的历史发展潮流。换言之，保险文化将从摩擦、磨合最终走向融合。这里的融合，是指不同文化在承认、重视彼此间差异的基础上，相互尊重、相互补充、相互协调，从而形成一种全新的组织文化。融合的保险文化将成为我国保险业的主流文化。

3.2.1 融合的保险文化是一种“兼收并蓄”的文化

中外文化有着先天的差异。中国文化的一个重要的特长是适应性强、灵活性强，因时制宜。但是过于灵活的结果往往是不重视正式制度的建立和实施，或遇到特殊情况、特殊需要而“灵活”地放弃正式制度。而西方文化则以制度为基础，企业管理讲究原则、追求效率，但是也存在着不可避免的缺陷。中西文化背景带来的差异，在实践中就会引发多方面不同表现，如保险价值观、管理模式、组织结构、管理文化等。但文化的融合性可以协调先天的差异性，只要中外双方充分把握好彼此文化的共性和个性、优势和劣势，吸收双方文化的精髓，做到“取长补短、共同吸收、开创特色”，一定会形成由统一的经营理念、企业目标、管理思想、行为规范等组成的整体文化，最终形成一种全新的兼收并蓄的融合文化。

3.2.2 融合的保险文化是一种“折中”的文化

所谓“折中”，是指不同文化间采取妥协与退让的方式，有意忽略或回避文化差异，从而做到求同存异，以实现组织内的繁荣稳定。文化冲突和文化融合作为文化交汇的两个方面，总是共存其中、相伴而行的。异域与异质的现实，使文化冲突不可避免；而现实利益与目标的同向选择又使文化融合成为可能。因此，双方唯有充分尊重和克制，才能实现对经济环境和文化环境的双重适应，并由适应走向融合。

3.2.3 融合的保险文化是一种“和谐”的文化

和谐，就是事物发展变化符合逻辑或规律。文化和谐，就是中外文化因素在公司或社会的统一体内相互包容、协调运作、良性转化，最终实现双赢或多赢的局面。这既包括公司内部因素与外部因素的和谐、公司与整个社会的和谐，又包括和谐的企业文化氛围，以及公司和谐稳健发展。

3.2.4 融合的保险文化需要跨文化管理

要形成融合的保险文化，需要在不同文化交汇与磨合的过程中不断消除矛盾和化解冲突，因此应重视跨文化管理。

第一是识别文化差异。由于文化冲突是文化差异造成的，所以必须对文化差异进行分析与识别，找出哪些是容易改变的，哪些是不易改变的。

第二是进行跨文化培训。跨文化培训是为了加强人们对不同文化传统的反应和适应能力，促进不同文化背景的人相互沟通与理解。跨文化培训的内容可以包括对文化的认识、文化敏感性训练、语言学习、跨文化沟通及冲突的处理、地区环境模拟等。

第三是建立共同的价值观和公司文化。通过识别文化差异和进行跨文化培训，中外双方在对文化共性认识的基础上，根据环境的要求和公司的战略发展目标建立起公司的共同价值观和强有力的公司文化，增强文化变迁能力和提高文化融合度。

3.3 当前培育我国优秀保险文化的着力点

一方面，保险文化水平的高低取决于保险业发展水平的高低；另一方面，保险文化反作用于保险业的发展。因此要提高我国保险业的整体水平，首先应该大力倡导和宣传保险文化，积极培育优秀保险文化。培育保险文化，不单指倡导保险公司文化，实施中外文化间的融合，更应倡导行业保险文化和社会保险文化，在全行业和全社会内形成良好的保险氛围，树立良好的保险形象，使

保险业有一个良好的生长环境和发展空间。

在当前保险业深度开放、各种保险文化交融、短时期内存在一定程度的杂乱或无序状况的前提下，保险文化需要引导和提升，为此，需要明确以下着力点。

一是在全行业和全社会倡导诚信保险文化。诚信是保险业的生存之本，是保险业发展的生命线。针对当前保险形象一般、信用度不高的行业现状，保险业应把信用建设放在发展首位，不为追求短期利益而以牺牲公司和行业诚信为代价，应建立信用惩戒机制。唯有此，保险业方能更快更健康地发展。

二是积极培育创新文化。面对经济全球化、信息一体化、竞争白热化的趋势，中国保险业要想在竞争中立于不败之地，只有依靠创新。保险业应倡导创新文化，包括制度创新、产品创新、组织创新、管理创新等，使创新成为保险业的发展动力。

三是积极培育服务文化。作为一个特殊行业，保险业经营的不是有形的商品，而是一种规避风险或风险投资的服务。在我国保险业发展初期，因保险公司不讲服务而引起客户投诉，进而损坏行业形象的情况时有发生。由价格竞争向服务竞争的转换，能使客户真正享受差异化、特色化的服务。目前，服务文化已成为保险文化的一个重要组成部分，好的保险服务将为保险业的可持续发展创造良好的软环境。

3.4 我国保险文化建设取得的成就

在我国保险业短短几十年的发展历程中，保险文化建设虽然受制于经济体制转型和行业发展初级阶段的大环境，但还是取得了一定的成绩。

3.4.1 在理论认识方面有了很大提高

目前，人们已经认识到保险除了具有保险保障功能外，还具有资金融通、防灾防损以及社会管理的功能；并提出把以人为本、诚信服务作为保险业发展的本质，要求保险业广泛服务于人们生活的方方面面以及各个阶层。这些理论的发展丰富了保险文化的内涵，并为保险业的发展指明了方向。

3.4.2 基本的制度框架已经建立

从维护保险行业乃至整个金融业的稳定、保护消费者利益出发，人们确立了财产保险和人身保险分业经营的制度，设立了专门的监管部门——中国银行保险监督管理委员会（简称银保监会）；在市场主体方面，确立了市场准入制度，并对公司内控建设颁布了指导原则；在监管方面，已经确立了以偿付能力

监管、公司治理结构监管和市场行为监管为三大支柱的保险监管制度框架。这三大支柱相互依赖、相互作用。此外，我国通过保险公司资金运用管理、偿付能力充足率要求以及再保险业务规定等确保保险公司经营的审慎性。

3.4.3 企业文化建设初显成效

企业文化是企业信奉并付诸实践的价值理念。近年来，越来越多的公司认识到文化竞争在市场竞争中的核心地位，纷纷建设符合自身特色的企业文化。中国人寿保险公司提出了“成己为人，成人达己”的双层理念。“成己为人”充分表达了中国人寿保险公司的社会责任观，公司自身的发展最终是为了向社会大众提供全方位的、专业化的服务；“成己为人”意味着中国人寿保险公司愿意通过自身的发展带动行业发展。“成人达己”是说，只有成就和帮助他人，只有为客户提供满意的服务，为社会创造财富，才能最终发展和完善自己。中国平安保险公司在发展历程中，逐步形成了独具特色的企业文化，倡导“以优秀的传统文化为基础，以追求卓越为过程，以价值最大化为导向，做一个品德高尚和有价值的人”。中国太平洋保险公司以“诚信天下，稳健一生，追求卓越”为企业的核心价值观，以“推动和实现可持续的价值增长”为经营理念，不断创造价值，为社会和谐做出贡献。中国人民财产保险公司以“求实、诚信、拼搏、创新”为企业精神，“以市场为导向，以客户为中心”则是其经营理念。这些各具特色的企业文化为企业的发展树立了目标，引导各保险公司不断发展壮大。

4 中外保险文化的差异研究

4.1 美国和日本的保险文化特色

4.1.1 美国的保险文化特色

目前，美国是市场经济最发达的国家，但美国的企业文化和经营理念很多是从自己的竞争对手那里得到启发并逐步个性化的，经过长时间的学习、引进、消化，而后探索创新。美国在很短的时间里便创立了自己的文化道德体系，主要特点如下。

（1）重视个性发展。

美国人标榜“人权至上”，他们浓厚的人权意识体现在经营管理上，突出个人奋斗，尊重个人价值。正因为重视人的因素、突出个人奋斗，从业者在市

场经济中便敢于开拓、勇于冒险，特别是善于创造。在保险经营行业，他们提出了许多创造性的经营理念。20 世纪 80 年代初，兴起了“新哈佛价值观”，提倡企业文化，强调管理道德，创造了 CI 管理制度。在为顾客服务上，设计了“产品形象、员工形象、环境形象、服务形象”四项配套理念，用以指导企业员工的行为规范。进入 20 世纪 90 年代，又推出了 CS 经营方略，即“客户满意度”的道德评价体系，开辟了公司经营的新视野、新观念，并力荐此举为“企业最重要的资产”。

（2）重视人才。

在美国，正因为重视个人价值，有才能的人便众望所归。他们的道德观念中有个著名公式——1% >100%，就是说，1% 的科技人才把他们的理论转变为物质，其价值大于 100% 的书面理论。

（3）崇尚互利互惠。

“君子不言利”，这是中国儒家的道德箴言。在美国，言利的正是君子。他们认为，做保险、办企业，追求利润是天经地义的，他们不仅言利而且追求利润最大化。在美国企业家和从业人员中，“互利互惠”被看作人际交往的良好道德和情操，是正当的谋生手段。

4.1.2 日本的保险文化特色

（1）强烈的敬业精神。

在日本人的道德观念中，恪尽职守、敬业守诚是人的立身之本，也是强者立业的根本风范。

（2）可敬的团队意识。

日本人自古就有一种自尊自强的民族意识，信仰武士道这一文化传统增强了日本人民的凝聚力，反映到企业文化和职业道德上，就是团队精神。

（3）融洽的亲和关系。

他们在内部关系上主张“和为贵，忠诚为先”，也就是我们今天提倡的“以人为本”。

（4）精到的效率观念。

日本人的工作非常讲效率，所以，日本自第二次世界大战以来，保险行业及其他行业在世界上迅速崛起就不足为奇了。

4.2 先进保险文化建设的经验借鉴

中国保险业国内业务才恢复 30 多年，可借鉴的成熟经验较少，且受儒家思想的影响较大，凡事主张“履中”“蹈和”，以致管理者重人治、轻法治，所以保险的发展受到了种种制约，也影响了保险文化的建设。而发达国家的保险市场已经连续运行了几百年，形成了一套比较成熟的经营管理模式，在保险文化建设上也有很多先进的经验可供借鉴。

4.2.1 树立正确的保险经营理念

经营理念是支撑一个企业经营的基本价值取向、行为规范和根本宗旨的总和，它可以从企业的追求目标和价值观加以考察。发达国家的保险公司能运用先进的经营管理理念从事保险经营，保险经营真正建立在“大数法则”的基础上，并注重企业的风险管理，形成了系统的经营思想。我国保险业的经营理念还处在不成熟的阶段，保险公司通常都是将目标定为争取更多的业务、更大的市场份额，缺乏数理依据和风险管理工具，为客户服务时“承保易、理赔难”的现象时有发生，从而影响了保险业的健康发展，更不利于保险文化的建设。

4.2.2 注重客户服务文化培养

西北相互人寿保险公司是一家在美国非常受尊重的公司，该公司始终注重保单持有者的利益，不断优化公司的经营服务理念，将客户服务文化培养作为公司保险文化建设的重要组成部分。这种做法使西北相互人寿保险公司在美国赢得了良好的口碑，并赢得了客户的信任。美国的 USAA 保险公司是一家提供汽车保险业务的公司，公司成立之初忽视了客户服务文化建设，因而在几十年的发展过程中没有取得突出的业绩，但在之后的发展过程中，USAA 不断调整，将“客户价值第一”作为公司的核心文化，不仅使客户感受到了优质的服务，而且树立了公司的良好形象。

4.2.3 健全保险诚信体系

西方国家经过多年的发展，已经建立了完善的保险诚信体系，保险从业人员的职业行为会被纳入其个人诚信记录，从而在法律层面对从业人员的职业行为进行约束，这也是西方国家能够建立长效的现代保险机制的重要原因。这种诚信体系建设值得我们借鉴。

4.2.4 建立公平竞争的市场秩序

在发达国家的保险行业中，市场主体多、竞争激烈。在美英等国，几乎每年都有新的保险主体进入市场，但每年也都有保险公司摘牌倒闭。在激烈的竞争中，竞争的道德规则是比较完备的，包括公平、公正、公开的原则。

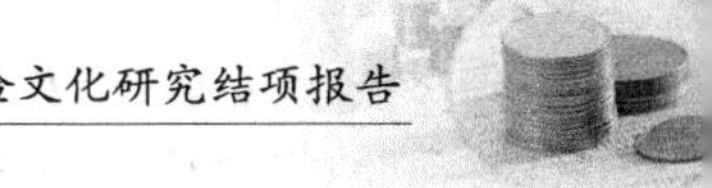

竞争是市场经济的必然趋势，也是西方国家的人们最基本的道德原则之一。他们承认竞争，也鼓励竞争，并能够以极其平常的心态看待同行业之间的竞争。他们关心的着眼点不是相互竞争的结果，而是竞争规则和如何改善自己的竞争措施。

4.2.5 注重保险创新

西方保险企业管理文化中一个突出特点就是个性和激进，敢于创新，善于创新，对保险市场有着敏锐的洞察力和超前意识，善于捕捉商机，以产品和服务的创新引导消费者，推动着保险业的持续快速发展；中国传统文化较多地宣扬知足常乐的价值观念。尽管我国保险业创新也取得了一定的成绩，但真正为百姓所普遍欢迎且为保险公司产生效益的险种并不多，保险产品大都缺乏差异性。

5 优秀的保险企业文化研究

企业文化是企业在发展中逐步形成的一种为全体员工所认同并遵守的、带有本组织特点的使命、愿景、宗旨、精神、价值观和经营理念，以及这些理念在生产经营实践、管理制度、员工行为方式与企业对外形象中的体现的总和。保险企业文化是保险文化的一部分，优秀的企业文化可以增强企业的核心竞争力，提升品牌形象。

5.1 中国人寿的企业文化

中国人寿坚持用“文化”之魂凝聚人心、引领发展，以“寿险是无悔的选择”“用心经营、诚信服务”“成己为人、成人达己”等推陈出新、一脉相承的核心理念为标志，以健康向上的企业文化激励着员工拼搏进取、奋发向上。

5.1.1 用心经营、诚信服务

中国人寿提出的“用心经营、诚信服务”的经营理念，包含了对公司发展的内外部环境的统一思考。

(1)“用心经营”针对的是企业内部的运行管理。其要求在集团化发展的构架下，各成员单位明确自身的功能定位，正确履行职能，切实提高整个集团的运行效率和各成员单位的专业化水平；大力加强执行力建设，保证集团内部令行禁止、运行规范，系统上下同心同德、步调一致；增强大局意识，加大资

源的整合与共享力度，使成员单位既各尽其责、各专其长，又有效沟通、协调配合，相互支持、共同发展，将资源优势充分转化为现实生产力。

（2）“诚信服务”针对的是企业外部的形象管理。最大诚信原则作为保险业的基本原则，也是中国人寿的立身之本。注重承诺、讲究信用、坚持诚信服务是中国人寿一贯倡导的服务原则。中国人寿在全体员工中广泛宣传和培育诚信理念，使诚信理念融入员工的思想与行为之中，避免各种误导行为，努力提高服务水平，在社会上树立良好的企业形象。

5.1.2　成己为人，成人达己

（1）“成己为人”一方面是说，不断完善和壮大自己的目的，是为了更好地为客户和社会服务；另一方面是说，只有不断完善和发展壮大自己，才能更好地为客户和社会服务。

就内部关系而言，“成己为人”强调公司成员和公司的共同发展进步；要求每个成员加强学习、增长才干，共同把公司建设好；要求公司调动并保持广大员工的积极性，让员工共享公司的发展成果；努力做到公司价值和个人价值的协调统一。

就公司与客户和社会的关系而言，“成己为人”充分体现了中国人寿的社会责任感，强调公司发展壮大的目的是为社会提供完善的人寿保险服务，反映了公司的行业特点和职业要求。在激烈的市场竞争中，中国人寿只有不断提高员工的素质，切实增强自身的综合竞争能力，才能最大限度地满足广大客户的需求。

就公司与竞争对手的关系而言，“成己为人”主要意味着中国人寿将竞争对手看作共同发展中国寿险业的伙伴，意味着中国人寿将以身作则，遵循公平竞争原则，规范自己、完善自己，勇于进取、不断创新，努力提高自身的综合竞争能力，以促进整个行业经营水平的提高。

（2）“成人达己”是说，只有成就和帮助他人，才能发展和完善自己，实现自己的理想，达到自己的目标。

就企业内部个体之间的关系而言，“成人达己”强调营造一种“互相帮助、互相激励、共同进步”的和谐氛围。

就企业内部个体与整体的关系而言，“成人达己”指只有不断提高员工的素质，才能把公司建设好；只有齐心协力把公司建设好了，个人的价值才能得到充分体现。

就公司与客户及社会的关系而言，“成人达己”指只有为客户提供高品质的寿险服务，最大限度地满足社会的寿险需求，才能成就自己的事业。这一点充分反映了自身的成就对客户、对社会的依赖，强调自身的成就建立在成就他人的基础之上，符合寿险业的服务性特点。

就公司与竞争对手的关系来说，“成人达己”指中国人寿愿意在公平竞争的规则之下与对方携手合作，共同推动行业发展。

5.2 中国平安的企业文化

中国平安在发展历程中，吸收了中华民族的优秀传统文化和西方现代管理思想的精华，逐步形成了独具特色的企业文化，体现为中西合璧、古今贯通、知行合一的特点，倡导“以优秀的传统文化为基础，以追求卓越为过程，以价值最大化为导向，做一个品德高尚和有价值的人”。

中国平安对企业文化有其独到的认识：企业有资产没人才不行，企业有核心技术没人才不行，企业仅有人才也不行，企业需要一群有凝聚力的人才，大家朝着一个方向齐心协力，才能获得成功。这就需要建设一种优秀的企业文化。优秀的企业文化具有强大的凝聚力，为企业员工创造发展空间，吸引人才，稳定人才，创造企业竞争优势，使企业充满活力、保持领先。只有优秀的企业文化才能有效协调企业员工，使员工拧成一股绳，团结一致，创造性地运用企业资本和核心技能，产生强大的生产力。

中国平安的企业文化产生于改革开放的时代背景下，平安人在长期经营管理实践中不断探索、不断创新，逐步形成了具有独特个性，为广大平安员工普遍接受和遵循的价值观念、行为准则、组织制度以及经营理念等。

中国平安的核心价值观是：诚实，以诚待人，恪守承诺，光明磊落，率直做人；信任，互相尊重，彼此信赖，团结一致，齐心协力；进取，自强不息，拼搏奋斗，努力开拓，追求卓越；成就，创造业绩，超越自我，体验成功，实现价值。

中国平安的经营理念是：长远，人新我恒，平安为顾客终身提供忠诚的超值服务；领先，人专我新，在保持专业化经营和专业化服务的同时，不断创新，保持领先；差异，人无我有，通过差异化战略，向客户提供别人没有的、超值的产品和服务；专业，人有我专，在差异化的前提下，实行专业化的经营和服务。

5.3 中国太平洋保险的企业文化

优秀的企业文化并不仅仅是一些好的句子或者是有效的措施，而是能够体现一家公司的价值观念，通过价值观念去体现出这家公司的经营理念以及核心发展战略，更重要的是能够使人看到公司的发展前景。中国太平洋保险公司便是这样一家拥有广大发展前景、拥有核心发展战略以及先进的经营理念的保险公司。

中国太平洋保险公司特别注重自己承担的使命。一家优秀的保险公司对于自己的使命会有明确的定义，因为使命是一家企业的灵魂。中国太平洋保险公司的使命是：做一家负责任的保险公司；对客户负责、对员工负责、对股东负责、对社会负责。

中国太平洋保险公司所采取的策略是：用诚信经营、用安全保障、用贴心便捷的服务态度让每个顾客都能够在这里选到放心的、实惠的产品，保障顾客的生活无忧。

中国太平洋保险公司的经营理念是：以客户需求为导向，专注于保险主业，推动和实现可持续的价值增长。

中国太平洋保险公司的核心价值观是：诚信天下，稳健一生，追求卓越。诚信为本，诚信是太平洋保险竞争取胜的坚实基础；稳健为体，稳健是太平洋保险健康发展的可靠保障；卓越为魂，卓越是太平洋保险持之以恒的追求目标。

中国太平洋保险公司肩负神圣使命，以核心价值观为基础，以经营理念为指引，以构建诚信文化、创新文化、绩效文化、和谐文化为抓手，实现美好愿景。

5.4 新华保险的企业文化

新华保险的企业文化体系由理念文化、制度文化、人格文化和品牌文化四个部分构成。

(1) 理念文化。

理念文化是新华保险的经营哲学，是企业文化体系中的核心文化，是企业的指导思想。新华保险的理念文化包括七个文化单元；新华保险的世界观——发展观，新华保险的核心价值观——责任观，新华保险的发展目标，新华保险提倡的十种精神文化，“低调、务实、商业” 的企业风格，以公司司徽为标识

的“方圆文化”，以及司训等。

（2）制度文化。

制度文化是公司指挥系统的规范化管理、决策系统的规范化管理、业务流程的规范化管理，以及对部门、岗位、员工工作的规范化管理等所形成的文化，是公司理念文化的实践表现。新华保险的制度文化包括三个方面：管理体制、管理制度和管理理念。

（3）人格文化。

新华保险的人格文化体现为领导团队、先进人物和员工群体三个层次：领导团队是企业文化的领导者，先进人物是企业文化的示范者，员工群体是企业文化的推动者。

（4）品牌文化。

品牌是企业文化的载体，品牌文化是企业文化的精髓。新华保险企业文化经过积累和沉淀，形成了品牌的独特个性，这集中体现在公司的品牌口号上：立信于心，尽责至善。

6　吉林省保险文化的建设研究

6.1　吉林省保险文化建设的现状及存在的问题

经过多年的发展，吉林省的保险业取得了巨大进步。与此同时，中国保险监督管理委员会（2018 年组建为中国银行保险监督管理委员会）吉林监管局（简称吉林保监局）积极探索，利用多种渠道开展了形式多样的保险文化建设活动（见表 1）。通过开展保险消费者教育、保险信用体系建设、保险业诚信建设、保险公司服务评价、保险公众宣传日等一系列保险文化建设活动，吉林省保险行业的诚信意识、信用环境有了大幅提高，树立了讲诚信、重服务的行业风尚，形成了社会广泛参与、行业齐头并进的诚信生态。

表 1　　吉林省近年来开展的保险文化建设活动

活动开展时间	活动内容
2010 年 11 月	吉林保险业星级客户服务评比
2012 年 2 月	吉林保监局采取四项措施推进监管文化建设
2012 年 2 月	吉林保监局统筹部署全省保险宣传工作

续 表

活动开展时间	活动内容
2012 年 4 月	吉林保监局与城市晚报、新文化报、东亚经贸新闻等媒体合作开辟保险宣传专栏
2012 年 7 月	吉林保监局举办保险监管文化展
2013 年 1 月	吉林保监局开展保险消费者教育工作
2013 年 6 月	吉林省保险消费者权益保护中心正式成立
2013 年 11 月	吉林保监局采取四项措施推动保险消费者权益保护中心发挥作用
2014 年 7 月	吉林保监局组织开展全国保险公众宣传日活动
2014 年 7 月	青年志愿者在行动——吉林开展“爱无疆　责任在行　保险知识进医院”活动
2014 年 10 月	吉林开展保险知识进学校活动
2015 年 4 月	吉林保监局加强保险消费者权益保护工作
2015 年 5 月	吉林保监局启动保险信用体系建设工作
2015 年 5 月	吉林保监局立足于三项机制提升 12378 热线服务质量
2015 年 7 月	吉林启动“7·8”保险公众宣传日系列活动
2015 年 12 月	吉林保监局大力推进保险业诚信建设
2016 年 5 月	吉林保监局创新开展保险公司服务评价工作

资料来源：中国保险监督管理委员会吉林监管局网站。

吉林省保险行业经过多年的发展，在保险文化建设方面取得成绩的同时，仍存在着一些问题，保险文化建设仍需要全行业的共同努力。

6.1.1　对保险文化内涵的认识存在误区

保险文化是保险机构和保险从业人员实践创造的物质成果和精神成果的集合，是行业发展的主心骨、精气神、发动机，由保险企业文化、保险行业文化和保险社会文化三个层次构成。当前，有很大一部分保险企业对保险文化内涵认识不清，有的企业对保险文化的认识仅仅停留在宣传层面，缺乏深层认识，无法发挥保险文化对企业发展的促进作用。认清保险文化内涵是加强保险文化建设的首要任务，保险企业因为缺乏对保险文化内涵的深层次认识，在日常经营管理中就无法系统地融入保险文化建设工作，长此以往，会阻碍企业的良性发展。

6.1.2 消费者的保险消费观念不成熟

(1) 缺乏自我保障意识。

受传统思想的影响，一些家庭仍存在相互依存、对外封闭、躲避风险、故步自封的观念，对风险的认识不充分，对风险管理的认识不全面，宁可亡羊补牢，也不愿未雨绸缪。

(2) 缺乏保险相关知识。

许多人对保险基本理论知识缺乏了解，认为买保险“不太吉利”；还有一部分人在连续几年投保而没发生事故、没向保险公司提出索赔后，就产生了“自己花了冤枉钱”的偏见。另外，有很多人还没有意识到保险是转移风险、减少损失的方式，没有认识到保险的费率是根据概率论、大数法则等，经过复杂的数学运算计算出来的，是具有科学性的。

(3) 保险消费行为不成熟。

保险最主要最本质的功能是提供保障，而现在一部分人总想通过买保险“获取高的回报率”，扭曲了保险产品的价值，没有树立正确的保险观，以致购买了一些不适合自己的险种或者进行重复保险，造成了保险浪费。

(4) 保险法律意识淡薄。

不少投保人认为自己花钱买保险，发生保险事故后保险公司就应该赔偿自己的全部损失，对保险合同中的责任免除条款不太理解，甚至产生抱怨，常常用传统观念和情感来评判市场规则，而忽视了保险是一种契约行为。

6.1.3 诚信缺失仍然是保险业面临的重大问题

(1) 保险人诚信的缺失。

由于保险合同是保险人制定的，存在一些比较难懂的术语、部分条款叙述得模棱两可、某些条款设置不透明等问题，所以在签订合同之前保险人要对合同的条款做出准确恰当的解释，尤其是要对免责条款进行明确的提示说明。但由于一些保险销售人员素质不高、售后服务跟不上、保险公司之间存在着无序竞争等问题，很多保险公司的业务员并没有完全做到以上要求，使保险人的信誉和形象受到了很大影响。

(2) 投保人诚信的缺失。

保险人对保险标的风险状况的了解主要依赖投保人的告知，如果投保人没有对保险标的的风险情况进行如实告知，将直接影响保险人对风险大小的判断，可能出现以低费率承保高风险标的的情况，进而影响公司的经营效益。在现实生活中，不乏投保人在投保前故意隐瞒保险标的的风险状况，不如实填写投保单，在投保后故意制造保险事故，夸大损失等现象，对投保人的信誉造成了严重影响。

6.1.4　保险公司的经营理念与科学完善的保险经营理念还存在差距

在市场开拓方面，主要表现为业务领域狭窄，产品创新力度不够，销售渠道管理不完善；在市场竞争方面，有些保险公司为了占领市场，不惜一切代价地降低费率，将手续费和佣金提高，这种恶性价格竞争严重影响了保险市场的秩序，影响了公司的经营效益；在服务水平方面，仍然存在依赖关系和人情的现象，保险从业人员的素质参差不齐，一些从业人员只顾眼前利益，缺乏大局观念和长远发展意识。这些现象的存在，说明目前保险公司的经营理念与科学完善的保险经营理念还存在着一定的差距。

6.1.5　管理薄弱，保险文化建设缺乏有效的运行机制

作为一项持久的工程，保险文化建设不仅需要全行业的共同努力，更需要有效的运行机制做保证。当前，大部分保险公司都能够认识到文化建设的重要性，能够将保险文化建设纳入公司的日常管理工作当中。但一些保险公司的文化建设缺乏有效的运行机制，没有形成长期的发展目标及规划，缺少专门的部门负责企业文化建设，保险文化建设工作在各部门间没有形成体系，各部门之间缺乏沟通协调。另外，在保险文化建设过程中，没有充分发挥监管部门、公司主体和社会团体的联动作用，不利于文化建设过程中各方资源的整合。

6.1.6　保险文化建设缺乏特色

当前，保险文化建设存在的一个突出问题就是缺乏特色。不少保险公司只注重保险产品创新，而忽略了保险文化创新，在很大程度上影响了保险公司的发展。其主要表现为创新意识不强，很多从业人员把全部精力放在追求业绩上，满足于惯性思维，很少关注保险文化创新；创新动力不足，一般，保险公司没有关于文化创新的激励机制，也没有相应的考评要求，创新缺乏足够的财力支持和利益保障。这些客观原因的存在，导致一些保险公司的文化创新缓慢，尤其是一些小公司的保险文化，只是复制他人而没有创新。

尽管一些保险公司采取了一定的手段宣传企业文化建设，但创新力不足，文化建设方式单一。有的公司仅仅将文化建设停留在表面，无法与企业的发展相适应。另外，一些保险公司虽然认识到了文化建设的重要性，但由于创新思维受限，文化建设无法形成系统的体系，公司文化缺乏特色，严重制约了公司

的良性发展。

如果保险公司不加大文化创新的力度，长此以往下去，保险行业将会落后于其他行业的发展。因此，创新保险文化建设对于保险行业而言尤为重要。

6.1.7 忽视保险从业人员对保险文化的宣导作用，缺乏良好的外部环境

保险从业人员作为社会公众与保险企业接触的第一道窗口，代表的是企业的形象。一些保险销售人员，为了追逐自身的利益而忽视保险消费者的利益，误导消费者购买一些不符合自身需要的保险产品，或者没能将保险产品的保障功能和注意事项如实告知消费者，从而引发消费者对保险公司以及保险行业的质疑。另外，一些保险公司为了节约成本，在公司形象宣导方面投入力度不足。保险公司的外部宣传多停留在保险知识和保险产品层面，对保险文化的宣导少之又少，因而社会公众对保险企业文化乃至保险行业文化无法形成一个整体的认识，也就不利于保险企业及保险行业良好形象的树立。

6.2 加强吉林省保险文化建设的对策建议

保险文化建设，要从文化对社会生活方式和人们行为习惯具有重大影响的认识高度来看待，要深刻认识保险文化建设在促进保险行业科学发展中的重要作用。另外，在推进保险文化建设过程中应该充分认识文化的稳定性和可变性，汲取中华文化传统中具有生命力的精华，并融合西方文化中先进的技术和理念，建设和创新中国保险文化，形成有中国特色的保险文化，实现保险业的现代化和国际化。

6.2.1 深化对保险文化的认识，推动保险文化的传播

加强保险文化建设，首先，要深化对保险文化的认识。保险企业要让员工特别是一线员工和企业的领导层人员，认识到保险文化建设的重要性。保险企业通过学习讨论、晨会宣导等多种形式加强保险从业人员对保险文化的认识，提升保险企业的服务意识，减少投诉事件的产生，树立保险企业的良好形象。

其次，监管主体要联合各方力量，继续推进完善吉林省保险业诚信体系建设，加强保险消费者教育，普及保险知识，推动保险文化的传播。

6.2.2 树立长期发展、注重品质、提供保障的经营理念

随着保险市场竞争的加剧，每个公司都会面临巨大的短期业绩压力，但是在追求短期效益提升的同时，千万不能忽略坚持长期发展的理念，应强调效益提升的持续性和稳定性。保险公司在千方百计提高市场占有率的同时，一定要

注重业务品质和服务品质。现代的保险业竞争在很大程度上就是保险服务的竞争，很多人在选择保险公司时，首先考虑到的不是价格，而是服务水平。只有品质高、服务好，才会吸引更多的客户，才不会轻易失去已有的市场份额。保险公司在进行产品创新时，要坚持保险提供保障的根本观念，不能过多地注重投资回报。只有坚持长期发展、注重品质、提供保障的经营理念，才能实现保险业的健康发展。

6.2.3 不断创新建设有特色的保险文化

创新是企业发展的动力，文化是企业的核心价值，不断加强保险文化的创新对保险企业的发展进步尤为重要。当前，企业要建设有特色的保险文化，就要结合企业自身的发展需要，走出一条有特色的文化建设之路。

由于每个企业都具有自身独特的个性，所以在保险文化的建设过程中要遵循企业的发展特点，在此基础上借鉴国外先进的保险文化建设经验以及同行业不同地区及其他行业的优秀文化，集百家之长，拓宽保险企业文化建设的渠道，不断提升吉林省保险企业形象，增强保险企业的市场竞争力。

在具体的实施过程当中，首先，公司的领导者应从根本上认识到保险文化创新的重要性，不能只浮于表面，想起来的时候强调一下，而是要长期坚持创新；其次，在公司内部应建立一个良好的文化创新氛围，可以定期举行一些文化创新评选活动，宣传学习一些优秀的文化创新理念；最后，在年终考评中，可以适当加入一些文化创新的考评要求，不要只单纯进行业绩考评。只有这样，才能真正地进行保险文化创新，才能促进保险文化的进一步繁荣。

6.2.4 将中华传统文化的优秀理念融入保险经营中

保险公司作为中国的保险经营者，应当了解中华文化的精髓，并将其与保险经营相融合。保险经营者要有爱心、责任心与使命感。保险制度源于互助、保障思想。居安思危，通过购买保险，让自己和家人的生活有保障，生活得更幸福，这就是爱。保险是责任，是对客户的承诺。在保险事故发生时，保险公司按照合同赔偿被保险人的损失或者给付被保险人或受益人保险金，这就是保险公司的责任。保险涉及千家万户的利益，关系到无数家庭的幸福以及社会的稳定繁荣，因此，专业以及诚信经营是每个保险从业人员的使命。每个保险从业人员要通过保险经营，为每一位客户设计适合的保险产品，让他们的生活得到保障，让每一个家庭温暖幸福。家庭生活幸福，社会才能安定；社会安定，经济才会繁荣，国家才能富强。

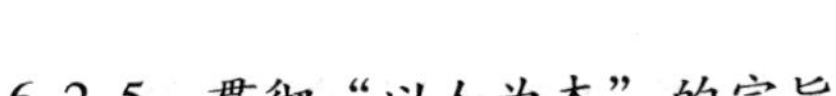

6.2.5 贯彻“以人为本”的宗旨

加强保险文化建设，要时刻贯彻“以人为本”的宗旨。这里的“以人为本”要关注两方面内容。

首先，要将客户的利益贯穿于保险服务的全过程中。从前期的拜访客户、促成客户投保到保单的维护、理赔服务以及保费的收取、增值服务等，要时刻关注客户的利益，发挥保险的保障功能，真正做到以客户为中心，使保险服务得到客户的认同。

其次，保险企业要注重企业员工的培养，关注员工的成长，不断提高员工的业务水平，让员工在工作中认可自身的价值，使保险行业得到保险企业员工的认同。保险企业员工只有认可保险行业的价值，才能不断提高保险服务的质量和水平，进而能够更好地服务客户，形成一种良性的循环，对保险文化建设起到促进作用。

6.2.6 充分发挥各方主体的联动作用

作为一项长期的系统工程，保险文化建设需要整合行业资源，发挥监管部门、保险企业、社会团体、高校及新闻媒体等多方的联动作用，利用多种渠道和平台共同推进保险文化建设，从而实现文化建设的最优效果。

行业监管部门要起到统筹全局的作用，为文化建设制订行之有效的发展规划；同时，要发挥好协调和督促职能，引领行业文化进步。保险企业要结合自身的经营特点，将文化建设融入企业的管理当中，并借鉴其他行业优秀的企业文化，发展适合自身的文化建设之路。保险学会、协会等团体要联合高校积极参与保险文化建设，发挥自身优势，为地方保险文化建设贡献力量。新闻媒体要起到积极的宣导作用，客观地向社会群众普及风险和保险知识，加大保险在社会中的影响力，使广大人民群众意识到保险在生活中的重要意义。

6.2.7 提高保险从业人员的素质

近年来，随着保险业的快速发展，人才短缺问题已经成为制约保险业持续发展的瓶颈。是否拥有一支熟悉并掌握保险知识、具备专业技术和丰富经验的专业人才队伍直接关系保险行业的成长与发展。一些缺乏保险知识、自身能力不足的业务人员，很可能发生销售误导，引发投诉事件的产生。因此，提高从业人员的整体素质，使其树立正确的核心价值观对保险文化建设至关重要。为适应日趋激烈的市场竞争，保险公司应以“术德兼修”作为选择和培养保险人才的标准。“术”是人才的技术背景，重点考察其是否能够在短时间内给公

司带来经营绩效；“德”是人才应具有爱心、责任和使命感。“术德兼修”是现代保险人应具备的品质，是对现代保险人的要求。只有培养出“术德兼修”的人才，并形成正确的保险文化理念，保险公司才能真正实现健康成长，保险事业才能真正实现可持续发展。

参考文献

[1] 肖力．保险企业文化初探［J］．保险职业学院学报，2013（2）：80-84.

[2] 王国军．保险文化：当下与未来［J］．金融世界，2012（11）：43.

[3] 卓志，孙正成．保险文化的转型与升华：以现代保险服务业为视角［J］．保险研究，2015（5）：84-91.

[4] 迟美华．保险文化建设与行业形象提升的对策研究［J］．企业导报，2010（3）：185-186.

[5] 甄贞．中国文化与保险公司品牌建设的关系研究［N］．中国保险报，2012-05-10（7）．

[6] 尹彦群．保险文化与品牌建设之我见［J］．中国证券期货，2011（4X）：108.

[7] 鲍威．从文化内涵和文化传播要素角度浅谈保险文化建设［J］．财经界，2014（11）：50-51.

[8] 徐鹏．构建媒体保险文化探析［J］．辽宁行政学院学报，2011（10）：168-170.

[9] 邢栋．关于保险企业文化建设的思考［J］．企业研究，2008（7）：70-71.

[10] 刘冬娇，李立．基于OCQ模型的保险企业文化建设评价研究［J］．保险研究，2014（8）：104-112.

[11] 韩慧敏．基于态势分析的保险行业文化发展战略研究［J］．保险职业学院学报，2013（2）：75-79.

[12] 周海．加强保险企业文化建设　构建和谐保险企业［J］．保险研究，2008（8）：82-84.

[13] 李少芳．加强保险文化建设的有效途径［N］．中国保险报，2008-

04 - 21 (6).

[14] 付中丽. 加强保险文化建设提升保险企业核心实力 [J]. 知识经济, 2012 (18): 95 - 96.

[15] 袁力. 加强保险文化与品牌建设　促进保险业又好又快发展 [J]. 保险研究, 2008 (6): 3 - 4.

[16] 李少芳. 论保险行业文化的发展与建设 [J]. 保险研究, 2008 (5): 27 - 29.

[17] 陈永. 论新时期保险文化 [J]. 时代金融, 2013 (5): 134 - 135.

[18] 甄贞. 企业文化与保险公司品牌建设关系研究 [J]. 保险职业学院学报, 2012 (6): 50 - 54.

[19] 李少芳. 浅论保险行业文化体系、功能与建设 [J]. 河北金融, 2008 (3): 44 - 47.

[20] 夏阳. 浅谈微博时代保险文化的传播 [J]. 上海保险, 2012 (11): 53 - 55.

[21] 王绥武. 提升保险企业文化软实力探析 [J]. 甘肃金融, 2013 (12): 36 - 39.

[22] 朱进元. 推进保险文化建设 [J]. 中国金融, 2012 (5): 20 - 22.

[23] 袁毅阳, 刘应元. 我国保险行业文化建设中的木桶效应探析 [J]. 武汉金融, 2013 (5): 28 - 29.

[24] 邢天才. 我国保险文化与保险教育问题探讨 [J]. 保险研究, 2009 (11): 16 - 21.

[25] 黄璟. 新环境下重塑保险文化新格局 [J]. 农村金融研究, 2015 (3): 40 - 44.

[26] 朱进元. 用传统文化支撑中国保险文化 [N]. 学习时报, 2015 - 02 - 09 (11).

[27] 牛新中, 赵冰. 用先进的保险文化推动保险业科学发展 [J]. 金融理论与实践, 2013 (9): 101 - 105.

[28] 李达. 正确认识中国保险文化——培育良性保险市场 [J]. 上海保险, 2012 (6): 8 - 11.

[29] 向显湖, 魏涛. 中国保险文化重塑的路径选择: 跨文化融合创新 [J]. 经济与管理, 2012 (1): 13 - 16.

［30］陶红．中外保险文化比较与中国保险文化发展［J］．上海保险，2006（11）：57－60.

［31］胡洋．中外保险文化的差异与融合［N］．中国经济导报，2006－01－12（3）．

［32］赵希男，欧新煜，奚锦燕．国有保险公司企业文化评价：基于优势特征识别方法的研究［J］．保险研究，2013（4）：71－82.

［33］张宁．保险企业文化软实力评价体系构建［J］．财经理论与实践，2012（5）：113－116.

［34］吕志华．试论新形势下的保险文化建设［J］．现代商业，2016（8）：25－26.

［35］刘静．我国的保险文化研究［J］．长春金融高等专科学校学报，2016（5）．

国内外金融精准扶贫模式比较研究

郑　屹
（吉林省金融文化研究中心，吉林长春，130028；
长春金融高等专科学校金融学院，吉林长春，130028）

摘　　要： 金融精准扶贫一直以来都是各国关注的重点话题。许多国家和地区都在致力于探索贫困人口脱贫致富的途径，如发达国家日本推出的农协合作金融模式、发展中国家孟加拉国的乡村银行小额贷款模式已经帮助这些国家在解决贫困人口资金短缺的问题上取得了突破性进展；我国也在积极探索金融精准扶贫的新模式，如宁夏“互助资金”金融扶贫模式、甘肃“双联惠农贷款”扶贫模式，这些扶贫模式为吉林省实施金融精准扶贫措施提供了很好的借鉴。

关 键 词： 国内外金融　精准扶贫　扶贫模式　对比研究

收稿日期： 2016－11－03

基金项目： 吉林省金融文化研究中心基地项目［JRWH2016（5）］

作者简介： 郑屹（1989—），女，吉林长春人，长春金融高等专科学校金融学院助教，金融学硕士，研究方向：农村金融改革理论与政策。

2013 年 11 月 3 日，习近平总书记在湘西调研扶贫工作时，明确提出扶贫工作要“科学规划、因地制宜、抓住重点，不断提高精准性、有效性和持续性”。要想做到精准扶贫，而非“大水漫灌”的低效扶贫方式，就要实施一类一策的扶贫措施。如何扶贫、如何拓宽贫困农户的融资渠道一直以来都是各国关注的话题。许多国家和地区都在致力于探索贫困人口脱贫致富的途径，如发达国家日本推出的农协合作金融模式、发展中国家孟加拉国的乡村银行小额贷款模式，已经帮助这些国家在解决贫困人口资金短缺的问题上取得了突破性的进展；我国也在积极探索金融精准扶贫的新模式，如宁夏“互助资金”金融扶贫模式、甘肃“双联惠农贷款”扶贫模式为吉林省实施金融精准扶贫措施提供了很好的借鉴。

1　国外发展金融精准扶贫的经典模式

1.1　发达国家日本的农协金融扶贫模式

日本农协是合作金融的基础，被看作发展“三农”的典型。日本农村金融体系由合作金融和政府财政支持的政策性金融及一般商业金融组成，其中合作金融处于主导地位，能够很好地满足农村中的资金需要。

日本合作金融分为三个层次，从基层的农业协同组合到中层的信用农业协同组合联合会（简称“信农联”），再到位于最高位的农林中央金库和全国信联协会。

基层农协由农户及其他社团入股登记成立，直接面向会员提供综合、多样化的服务，其中包括最主要的存贷款业务。信农联作为合作金融体系的中层机构，是基层农协和农林中央金库的桥梁与纽带。信农联接受本县内各基层农协、各农业社团的存款或入股，吸收基层农协的剩余资金，组织农业资金结算、调剂和运用，时刻满足基层农协的融资需求。农林中央金库主要负责调配全国范围内系统资金，协调基层农协与信农联之间的资金活动，为它们提供指

导和信息咨询。全国信联协会是日本各地信农联的中央联络机关，主要针对农村经济金融活动进行调研，提供可靠信息。

各层次组织机构之间没有隶属关系，独立经营、相互协作，下一级组织向上一级组织交纳一定存款入股，以便在资金不足时获得上一级组织的供给。农协以为农户提供便利为主，向他们提供贷款的同时，还提供生产资料统一购买和设施共用业务平台，还有农业经营生产指导和农产品销售业务，特别是农协控股的保险机构和农协医院可以为农户提供保险及医疗服务。正是这样的组织形式加之政府金融财政的补贴和农业信用基金协会的担保，使农户的收入水平不断提高，城乡差距逐渐缩减，最终实现了城乡一体化协调发展。

1.2 发展中国家孟加拉国乡村银行小额贷款金融扶贫模式

由孟加拉国银行家穆罕默德·尤努斯创办的乡村银行小额贷款可谓发展中国家的一个典型的金融扶贫模式。孟加拉国乡村银行是一种以市场化经营、非政府组织从事的小额信贷商业组织。而获得贷款的方式不是通过抵押担保，而是加入由5名贷款妇女组成的小组和一个40人组成的贷款成员中心。只要每个小组成员都按时还款，他们就可以不断从银行获得贷款，而且成员们不仅可以获取贷款，还可以从中获得利息分配。成员们自由组合并且相互监督，如果有1人违约，其他成员的信誉也会因此受损，因此农户们在挑选小组成员时都格外谨慎。

自2006年孟加拉国银行家穆罕默德·尤努斯及其创办的孟加拉乡村银行获得诺贝尔和平奖后，世界各国纷纷效仿孟加拉国乡村银行小额贷款模式，希望可以借此帮助大量农户脱贫。同时，孟加拉国也凭借小额贷款模式使近60%的借款人以及他们的家庭脱离了贫穷线。并且在当时，孟加拉国乡村银行独特的运作方式使它维持了高达97%的还款率，稳居世界银行业之首。目前，这一小额贷款模式已被推广到了100多个国家，成为一种非常有效的扶贫方式。

2 国内发展金融精准扶贫的经典模式

2.1 宁夏“互助资金”金融扶贫模式

2006年，在国务院扶贫办和财政部的支持下，宁夏作为首批试点区之一率先开展了互助资金扶贫试点工作。互助资金扶贫模式是以国家财政扶贫资金为基础的扶贫模式，由村民公开选举产生互助资金管理和监督人员。

互助资金的来源包括中央财政资金、地方财政资金、农户以入股形式自愿存入的资金、利息收入以及一些其他社会捐赠资金。每一个互助资金试点村会根据农户的贫困程度给已经入股的农户增配和赠送股份。入股的农户可以获得互助资金的分红，也可以自愿退股、转股。所有资金的投放、使用和分配情况都会对外公示。互助资金主要用于满足农户的生产发展资金需要，一般借款额度不超过3000元，按生产经营周期可以分为1年以上的中期贷款和1年（含）内的短期贷款。互助资金采用5户联保模式，由农户自由选择与之信誉相连的其他农户做担保，共担风险、共享利益。

互助资金模式在整个实施过程中切实做到了民有、民用、民享、民管。经过几年的实践，这种新型金融扶贫模式为宁夏的农户拓展了融资渠道，在一定程度上解决了贷款难的问题。

2.2 甘肃“双联惠农贷款”扶贫模式

甘肃地处西部内陆，受地理条件和自然环境等因素的制约和影响，城镇居民、农民人均收入位居全国倒数，属于贫困中的贫困户。为解决贫困问题，农业银行甘肃分行积极响应甘肃政府号召，精心打造了“双联惠农贷款”专属产品。农业银行每年按照规定提供60亿元信用贷款。2012年，甘肃省财政厅联合农业银行开展双联行动，即单位联村、干部联户。政府出资成立担保公司解决贷款准入门槛问题，并由农业银行执行基准利率（财政贴息）为贫困用户提供信贷支持。此专项贷款针对特困地区的58个贫困县的农民、专业合作组织和农业产业化企业的生产发展，合力帮助农户脱贫。自此专项贷款启用3年以来，“双联惠农贷款”措施对贫困农户的收入增长贡献率占到2%，甘南藏区能达到5%～6%，颇有成效。

3 国内外金融扶贫模式对比分析

从四种扶贫模式的长期实践来看，每个模式都有它的优势和不足，这些模式的设立和运行也存在着一些共性与差异。

日本农协在整体的构架、功能、推行范围上都要优于其他三种模式。

第一，日本最初也存在地主和大量的佃户，第二次世界大战结束后日本推

行了农地改革，为农协的发展奠定了良好的基础。

第二，日本农协不仅对应行政级别分成三层，还根据具体职能将每一层划分为相应种类。以基层农协为例，分为综合农协和专业农协。综合农协主要提供务农指导和生活方面的服务，而专业农协则是针对某一种农产品经营成立的产购销组织。因此日本农协在整体组织形式上都更为专业化和全面化。

第三，日本农协会员中除了按照规定吸收的正式的有选举权的会员外，还吸纳了不在村里从事生产的准会员和兼业农户。因此农协的规模整体上是逐年扩大的。

第四，日本农协兼经济功能、社会功能、政治功能于一体，为农户从农产品产购销到生活服务如保险、医疗等方方面面提供资金、指导和服务。同时，农协为战后初期日本政治的稳定起到了重要的作用。

日本农协模式更倾向于“漫灌式”的扶贫方式，而非强调精准。

而孟加拉国乡村银行小额贷款的模式并不像日本农协有这样多层次的结构，它设立一个乡村银行总行，下设分支机构。其具有贷款门槛低、利率高、周期短、资金量小的特点，主要针对的是贫困地区几乎没有抵押物却有贷款需求的农妇。借款人只要信用良好便可以持续从乡村银行获得贷款。日本农协则面向所有的农户，只要加入协会成为会员即可参与贷款活动。孟加拉国的小额贷款实行市场化经营方式，高利息放贷同时提供可观的存款利率调动存款人的积极性。而日本农协属于政府主导的非营利性机构，因此其通过按比例分配信贷盈余来激发农户的积极性。风险管控也是孟加拉国小额贷款模式的一个很大的特点，即 5 人小组成员间的信誉是相捆绑的，1 人信誉受损，其他人也将受到影响，因此小组成员间有相互监督的权利和义务。而日本农协的会员只有选举权，会员之间没有相互监督的权利和义务，自身利益并不与他人的信誉挂钩，相互之间完全独立。

宁夏“互助资金”扶贫模式借鉴了孟加拉国乡村银行小额贷款模式。相同的是针对的都是贫困农户，采用的都是小额贷款的方式，实施机构都是不受政府干预的专业机构。与之不同的是，宁夏“互助资金”模式明确了资金产权的构成。宁夏“互助资金”模式通过将国家政府的扶贫资金和贫困户的资金以配股的方式结合在一起，打造一个可以循环使用、不断壮大并且永续发展的资金池，成功地解决贫困农户资金短缺、小额贷款难的问题，从以往的政府单向扶贫方式转变为互相扶贫的方式，变“输血”为“造血”。宁夏

“互助资金”模式补充了现有农村金融贷款方式，弥补了其他农村金融提供小额贷款难的短板，与此同时还冲击了民间高利贷的市场。贫困农户入股互助资金除了获得贷款和分红资金以外，还能得到互助资金委员提供的生产技术指导，在一定程度上提高了创收能力。宁夏“互助资金”模式沿用了孟加拉国小额贷款模式对于风险分散的做法，这种利益捆绑方式不仅分散了互助资金承担的信贷风险，同时还增强了农户的还钱意识和诚实守信的责任感。但在宁夏“互助资金”模式实施的过程中，还会存在一些问题，比如部分农户参股积极性不高、互助资金覆盖面受限、资金总量小、管理经验不足等。

甘肃“双联惠农贷款”扶贫模式的贷款对象是特困地区的58个贫困县，帮扶的是有一定经营能力的贫困农户，重点向有生产能力的贫困户、少数民族地区的贫困户、集中连片地区的贫困户三个群体倾斜。其目的在于整合扶植农业资源和有实力的贫困农户，以他们的经济活动辐射、带动整村的经济发展。首先，“双联惠农贷款”以银政合作为基础，并由政府出资成立担保公司，降低贷款准入门槛，这在其他三种模式中也是没有的。孟加拉国小额贷款模式则强调以组员担保的形式降低准入门槛。其次，“双联惠农贷款”模式是在原有商业银行贷款模式的基础上融入财政的合作，实现了金融资金和财政资金的有效配合，改变了从前金融资金与财政资金平行运行的模式。再次，“双联惠农贷款”模式制定了一套完整的风险防控、共担、补偿机制，并依据逾期天数设置了三道担保补偿防线，从而解除了银行放款的后顾之忧，使贷款资金形成“放得出去、收得回来”的良性循环。另外，“双联惠农贷款”模式由政府财政资金全程全额贴息，真真实实体现了“输血”惠农。与此同时，农业银行执行人民银行基准利率，为农户提供生产经营活动资金，切切实实是在“造血”强农。最后，银行信贷人员与担保公司的工作人员共同负责贷款前后的工作，既有效发挥了党政部门的优势同时又解决了银行人员不足的问题。

4 国内外金融精准扶贫经典模式对我省的借鉴意义

从实践来看，四种扶贫模式都为解决贫困农户发展生产导致的资金短缺、贷款难等资金问题做出了巨大的贡献。由于各个国家相关地区的地理环境、自

然资源和贫困情况不同，所以扶贫的对象、力度是不同的，所整合的资源也不同，最终达到的效果也不同。如果没有因地制宜地选取适合的扶贫模式或完全照搬其他模式，势必会引起水土不服，达不到效果。孟加拉国乡村银行小额贷款模式曾风靡世界，被很多国家效仿，现在很多问题逐渐暴露出来。乌兰察布商都县建立的格莱珉小额贷款有限公司因经营失败不得不交给本土小额信贷机构。其主要原因在于格莱珉在中国的资金投入来源不足，牌照受限。可见，扶贫模式的运行离不开国家政策的支持。

不过，孟加拉国小额贷款可持续发展的市场化经营模式这一立足点是值得肯定的，宁夏“互助资金”扶贫模式正是在这一模式基础上发展而来的。但宁夏“互助资金”模式在实践中也存在着一定的问题。吉林省在采用互助资金模式的时候可以考虑在资金源头注入其他可行性资金以解决资金规模小、覆盖面小的问题。

另外，吉林省占据东北肥沃的土地及丰富的自然资源，应充分发挥其农业产业资源优势，参考甘肃“双联惠农贷款”金融扶贫模式，以扶植具有辐射效应、带头作用的有生产能力的贫困户为导向开展扶贫工作，切实为有生产能力的贫困户“造血”“输血”。

目前，吉林省农村地区乃至全国农村地区存在的一个普遍问题就是在村里务农的大部分是留守老人，从事劳动的农户老龄化严重，医疗费用是农户的很大一笔支出。沉重的医疗负担不仅会加剧贫困，同时会影响一部分农业生产力。吉林省可以借鉴日本农协在机构设置上兼顾经济功能、社会功能、政治功能于一体的设计，拓展合作社或互助资金点的服务功能，可以为农户从农业产购销到生活服务如保险、医疗等方方面面提供资金、指导和服务。

参考文献

［1］刘增彬．日本农协模式对我国农村合作金融改革的启示［J］．武汉金融，2013（7）：45.

［2］丁竹君．国外农村金融供给模式对我国的启示［J］．财会研究，2011（22）：77.

［3］欧阳天治，陈文辉，霍帅．论孟加拉国小额贷款制度对我国的启示［J］．网络财富，2008（8）：105.

［4］王宁兰，张峭，张吉忠．一种新型小额信贷扶贫模式的应用与探讨：宁夏“村级发展互助资金”调研［J］．中国农学通报，2009（21）：380.

［5］马玉荣．精准扶贫的“甘肃模式”［J］．国际融资，2016（6）：46.

［6］韩国强．关于双联惠农贷款的实践与思考［J］．农村金融研究，2014（3）：68.

［7］管珊．日本农协的发展及其对中国的经验启示［J］．当代经济管理，2014（6）：28.

［8］林万龙，杨丛丛．贫困农户能有效利用扶贫型小额信贷服务吗?：对四川省仪陇县贫困村互助资金试点的案例分析［J］．中国农村经济，2012（2）：36.

［9］中国农业银行甘肃省分行三农课题组．联村联户　扶持创业脱贫致富：甘肃分行双联惠农贷案例［J］．农银学刊，2015（1）：65.

［10］田甜．尤努斯的挫败［J］．中国企业家，2016（19）：94.

战后日本金融自由化改革问题研究

刘　静

（长春金融高等专科学校金融学院，吉林长春，130028；
吉林省金融文化研究中心，吉林长春，130028）

摘　　要： 第二次世界大战后，日本政府为了快速恢复国内经济，实行严格的金融管制，这在当时虽然很好地促进了日本经济的发展，但随着经济环境的变化，人们对金融自由化改革的呼声越来越高。主要原因有战后金融体制内在的不合理性要求金融体制必须改变，国债的大量发行要求有一个发达的国债流通市场，资本、金融的国际化对金融体制的冲击以及金融业务上的技术革新也要求金融体制有所变化。日本的金融自由化改革主要经历了这样几个阶段：放开对存款利率的管制，废除对金融机构业务领域的限制，金融债、贷款信托的自由化进程取得进展以及放宽并废除外汇管制等。金融自由化改革政策的实施，极大地促进了日本经济的发展，推进了日本的国际化进程。

关 键 词： 金融自由化　金融国际化　改革

收稿日期： 2017－03－06

基金项目： 吉林省金融文化研究中心人文社会科学重点研究基地开放项目（2016TZ003）

作者简介： 刘静（1981—），女，山东济宁人，长春金融高等专科学校金融系讲师，经济学硕士，研究方向：经济学。

第二次世界大战之后，为了快速恢复国内经济，日本政府长期实行严格的金融管制，对外交也实行严格的限制，这种金融政策的实施在当时极大地促进了日本经济的发展。但随着经济环境的变化，日本的经济增长模式也发生了变化，由投资过剩型经济模式向储蓄过剩型经济模式转变，国债大量发行，国际化进程开始起步，人们要求修改金融交易制度框架的呼声日益强烈。在这样的背景下，利率自由化以及放松对银行、证券等金融机构的业务管制已成为必然趋势。

1　日本金融自由化改革的必要性分析

为适应全球金融自由化和国际化的发展趋势，日本政府努力改革现有的金融体制。日本进行金融自由化改革的原因主要有以下几点。

1.1　战后金融体制内在的不合理性

第二次世界大战后，日本的金融体制虽然在当时很好地推动了经济的发展，但也越来越暴露出很多弊端。

首先，在经济生活的各个领域，日本基本都设有专门的金融机构，并使它们处于垄断地位。都市银行之间、地方银行之间，甚至信用金库之间和信用组合之间，都形成行业卡特尔，制定统一利率，对借款者施以各种附加条件，如借款者必须将所借款项的一部分作为存款存在银行里等。这种做法虽然使金融机构有了稳定的收益，但提高了企业的资金使用成本。

其次，业务领域的严格限制，很大程度上影响了资金的使用效率。例如，有价证券的投资信托，要经过繁杂的手续，个人、团体向证券公司购买“信托投资受益证券”，证券公司把这笔钱交给证券投资信托委托公司，由这种委托公司把钱交给信托银行，指定要投资于哪种有价证券，信托银行遵照委托公司的指令，向证券公司购买有价证券。这样几经周折，既浪费人力、物力，又不利于资金最有效地使用。

最后，中小金融机构，如信用金库只能向中小企业贷款，都市银行则和大企业发生密切联系。地方银行的贷款对象较复杂，法律上虽无明确规定，但贷款的50%～60%面向中小企业，其余的贷给大企业。地方银行向大企业的贷款不能直接进行，而是通过以下三个渠道：①对都市银行的票据进行贴现；②取得都市银行的支付保证后，向该行的贷款对象贷款；③所谓“协调贷款”，即随都市银行一起对同一对象的同一项目进行贷款。这种做法在很大程度上增加了企业的资金使用成本，同时还阻碍了地方银行的发展，带来了经营上的盲目性。

第二次世界大战后，这些不合理的金融体制在很大程度上阻碍了经济的进一步发展，所以日本政府要进行金融体制改革。

1.2 国债的大量发行要求有一个发达的国债流通市场

1975年日本发行的债券总额为59万亿日元，其中国债为13万亿日元，约占22%；到了1985年，发行的债券总额为218万亿日元，其中国债为110万亿日元，约占51%。此时日本银行已经没有能力承购私人银行所包销的国债，导致许多商业银行蒙受损失。在这种情况下，许多金融机构要求政府在市场上公开出售国债，取消国债的利率限制，日本的金融体制开始变革。

1.3 资本、金融的国际化对金融体制的冲击

第二次世界大战后，日本经济的飞速发展使国内生产总值位居世界前列。1984年，日本成为世界上很大的债权国之一。虽然当时的日本经济在世界名列前茅，但由于政府的种种限制，金融市场的发展远远落后于英、美等国。另外，生产上处于相对劣势的美国，从1983年起不断对日本施加压力，要求日本开放国内金融市场。面对国内外的重重压力，日本不得不对当时的金融制度做出调整，加快金融自由化改革的步伐。

随着日本国际地位的提高，国际资金流通剧增，国际金融业务日益繁多，单靠东京银行一家专业外汇银行已无法应付。为此，日本政府陆续批准了若干商业银行兼营外汇业务。此外，日本的金融机构向海外发展，建立了许多银行和分支机构，证券公司也开展国际证券业务而成为跨国公司。日本在海外的金融机构可以自由经营各种金融业务，并不像日本国内那样会受到严格的限制。当时，西方各国正进行着本国市场的金融自由化，相对于西方国家的金融自由化，日本封闭的金融市场成为西方国家金融机构进入日本市场的障碍，所以西

方国家迫切要求日本进行金融自由化改革。

1.4 金融业务上的技术革新也要求金融体制有所变化

从20世纪60年代开始，日本的一些大银行和证券公司即已开始使用电子计算机，1969年起设置了自动取款机，1971年又装备了具有双重功能的自动存取款机。逐渐地，一家金融机构的总行和分行之间以及各分行之间都实现了自动存、取款业务处理。20世纪70年代中期以来，日本实现了多家金融机构之间通过电子计算机联网，进行综合业务处理，给客户带来了极大的便利。

由于电子技术的发展，电子计算机和通信技术相结合，顾客可以利用柜员机自动办理存款和取款及转账业务，甚至可以在家里安置终端装置，办理各种转账和查询业务，形成所谓的家庭银行。金融业务上的技术革新既为人们的生活提供了便利，也为金融自由化改革做好了准备。

2 日本的金融自由化进程

从20世纪70年代后期开始，日本金融自由化在分步骤、循序渐进地向前推进。但是，大多数自由化措施还顾及维持既有金融秩序的稳定，并未能大幅提高使用者的便利程度，于是人们要求进一步采取自由化措施。日元美元委员会于1984年5月达成了协议，以此为契机，日本积极推行了进一步的自由化措施，以顺应全球化、自由化所带来的金融环境变化。日本的金融自由化进程主要经历了以下几个阶段。

2.1 放开对存款利率的管制

日本当局最初采取的自由化措施是放开对存款利率的管制。当前日本的存款利率、短期金融市场利率、公司债流通利率等均由市场供求关系自行决定。但在1994年9月底之前，存款利率是受到法律管制的。

随着经济的发展，日本政府意识到必须逐渐放松对存款利率的管制。从1970年起，日本当局对建立在《临时利率调整法》基础上的存款利率上限进行了调整，改为由日本银行政策委员会参照《临时利率调整法》制定并公布的“存款利率指导细则”的上限来确定。1985年10月以来，《临时利率调整法》中的利率管制对象范围在缩小。1993年6月，定期存款利率实现了自由

化；1994 年 10 月，放开了流动性存款利率，除支票存款外的所有存款利率均实现了自由化，对存款、储蓄的期限管制以及付息方式的管制也逐渐放宽，从 1996 年 10 月起完全实现了自由化。

2.2 废除对金融机构业务领域的限制

以分业原则以及专业性金融机构制度为本的金融制度，支持了第二次世界大战后的经济复兴以及此后以出口、投资为主导的经济高速增长，但是，日本经济自 20 世纪 70 年代中期转向稳定增长后，企业对银行融资的需求发生了本质性的变化。在此背景下，城市银行除了增加向大企业提供短期融资业务外，还将重点放在了长期融资、中小企业融资等领域，而这些领域曾经是长期性金融机构以及地方银行、合作性金融机构的专长。金融机构日益同化淡化了分业原则下的纵向分割式金融制度存在的意义，分业体制越来越不能充分满足企业、家庭等部门的多元化金融交易需求。

1985 年 9 月之后的大约 6 年时间里，大藏大臣的咨询机构——金融制度调查会就分业体制的弊端进行了探讨。首先，日本当局于 1987 年 12 月发表了题为“关于专业性金融机构制度”的报告，允许互助银行参与普通银行业务。其次，日本当局于 1989 年 5 月公布了题为“关于新型金融制度的研究”的阶段性报告。报告提出，设立子公司以及实行特例的办法是改革日本金融制度的强有力的方案。随后在 1990 年 6 月，日本当局出台了一篇名为“区域金融问题研究”的报告，为区域性金融机构拓宽业务指明了方向。

2.3 金融债、贷款信托的自由化进程取得了进展

以往金融债中的贴现金融债的发行条件是各行在参照银行定期存款利率水平的基础上统一制定的，但自 1990 年 11 月以来，该条件由各家金融机构自行决定的；此外，付息金融债的发行条件虽然以往也是由市场决定的，但为了顺应金融自由化的需要，提高了以机构投资者为主要销售对象的公募债的最低承购限额（从 1 万日元提高到 1000 万日元），改变了折价债这一主要面向个人的储蓄商品的发行频率（从每月 1 次增加到每月 2 次）。另外，就 5 年期贷款信托的预期收益而言，以往均是以长期升水率为基准来确定红利，但自 1995 年 4 月以后，在设定红利水平时，不仅考虑长期利率，而且将短期金融市场的利率水平一并考虑在内。

证券领域中金融商品受到的管制也在逐步减少或被废除。1992 年 5 月，

日本开始开办货币市场基金（MMF）业务，允许引进短期债券以及以CD（可转让定期存单）、CP（商业本票）为代表的短期金融商品。日本当局最初规定购买MMF的最低金额为100万日元，之后逐步下调，1994年10月以后下限降为10万日元。如果要从中期国债基金以及MMF提现金，以往的做法都是在下一个营业日进行，因为需要事先办理投资信托解约手续，但自1995年11月以后，由于以有价证券做抵押，在下一个营业日支付解约押金之前，证券公司可向解约申请方提供贷款以增加其即期支付功能，提高了金融商品的性能，这样，顾客当日便可提现。

2.4 放宽并废除外汇管制

随着日本经济的发展，逐渐放宽并废除外汇管制（见表1）。

表1 放宽并废除外汇管制

时间	具体内容
1973年	日本的汇率制度转变为浮动汇率制
1979年	《外汇法》得到全面修订，资本账户由过去的原则上禁止转变为原则上开放
1984年	撤销了对日元汇兑业务的管制
1985年	放松对欧洲日元交易的管制，允许外资银行参与日本的信托业务等
1998年	日本全面放开外汇交易

3 金融自由化的影响

3.1 金融自由化使金融机构之间的竞争进一步加剧

金融自由化的发展，促使更多的国外金融机构进入日本金融市场，进一步加剧了日本国内金融机构之间以及国内与国外金融机构之间的竞争，许多金融机构为了争夺存款铤而走险，甚至一度出现了存款利率大于贷款利率的现象，激烈的竞争使一些实力较弱的小金融机构被实力较强的大金融机构吞并，或者一些实力相当的金融机构取长补短进行合并。在这种情形下，日本出现了一些大的金融集团，如东京三菱银行的诞生。东京三菱银行是日本最大的商业银行，由擅长国际金融业务的东京银行和国内实力较强的三菱银行合并而成，1996年4月1日开始运作，1997年资产总额为世界银行之首。

3.2 金融自由化促使日本企业的融资方式发生了转变

第二次世界大战后，日本以间接金融为主导，决定了日本企业的融资方式以间接融资为主，直接融资所占的比例很小。随着金融自由化的改革，日本资本市场的自由化迅速推进，证券业迅速发展起来。1987 年 7 月，日本政府废除了对公司债发行业务的管制，采用国内公司债评级制度；1988 年 4 月，取消了发债协会；1988 年 10 月，开始实行公司债发行登记制；1993 年 10 月，撤销了对公司债发行额度的管制措施；1996 年 1 月，公司债发行市场完全自由化，日本国内公司债市场发行的成本大大降低，发行手续大大简化。这样，许多大企业通过发行公司债券或股票进行融资，促使融资方式由间接融资向直接融资转变，降低了企业的融资成本，使企业的盈利空间进一步扩大，促进了日本经济的进一步发展。

3.3 金融自由化促使日元走向国际化

随着金融自由化的改革，日本当局对利率、汇率及业务经营管制的逐步放松，金融市场封闭的状态被改变，逐渐发展为一个开放的金融市场。在这种情况下，日元逐渐走向世界。可以说，日元国际化是金融自由化的结果，日元走向国际化对日本经济的长远发展是十分有利的。在此之前，日本无论是用于国际贸易结算的货币还是用于国际储备的货币，都只能是美元，这种对美元的过度依赖给日本经济带来了很大的不确定性。日元国际化以后，既可以减少对美元的依赖，又能降低汇率变动的风险，这对于国内经济安全而快速地发展是一个很重要的保障。同时，日元国际化也为日本企业开展对外贸易提供了便利，为它们进入国际市场提供了有利条件，增强了其在国际市场上的竞争力。另外，日元的国际化对世界经济的发展也是非常有利的，可以使国际储备货币向多元化发展，保证了各国储备货币的稳定，有利于世界经济的稳定发展。因此，日元的国际化不仅可以促进日本国内经济的发展，对国际经济的发展也是有推动作用的。

日本的金融自由化改革促进了经济的发展，随着金融业所处的环境逐渐发生变化，新的金融资产及交易方式不断得到开发，对金融资产及金融交易手段的管制不断放松乃至取消，交易便利程度不断提高。在金融革新与放松管制的相互作用下，日本的金融自由化从 20 世纪 70 年代中期以来稳步推进。不管是日本在第二次世界大战刚结束时实行严格的金融管制，对利率和金融业务实行严格的限制，还是20世纪80年代初期开始的金融自由化改革，都是为了适应市场的需求，这些措施的实行在当时都在一定程度上对经济发展起到了促进作用。但随着经济形势发生变化，金融政策也应当及时做出相应的调整，这样才能更好地促进经济的发展，否则会对经济发展造成阻碍，甚至引发严重的经济危机。

参考文献

［1］刘静．战后日本金融改革的思考［J］．长春金融高等专科学校学报，2014（5）：33.

［2］鹿野嘉昭．日本的金融制度［M］．北京：中国金融出版社，2003：31－32.

吉林省金融生态环境总体评价的实证分析

尹海英
（长春金融高等专科学校金融学院，吉林长春，130028；
吉林省金融文化研究中心，吉林长春，130028）

摘　　要： 金融的发展，不仅是金融主体的发展，也包括影响金融主体的金融生态环境的完善。各区域金融生态环境的不同，导致其金融发展程度参差不齐，所以对金融生态环境进行研究分析，并据此改善金融环境从而推动金融发展就具有一定的可行性和必要性。对金融生态环境的分析要体现整体性、动态性，故在构建评价分析指标体系的基础上，对地方金融生态环境进行纵向比较和横向比较正符合整体性和动态性的分析原则。

关 键 词： 金融生态环境　标准化　指标体系

收稿日期： 2017 - 07 - 10

基金项目： 吉林省金融文化研究中心基地项目［2013JD003］

作者简介： 尹海英（1980—），女，吉林松原人，吉林省金融文化研究中心研究人员，长春金融高等专科学校金融学院副教授。

金融行业的发展受到由多重因素相互作用所形成的生态环境的影响。金融生态环境包括经济基础、金融资源、政府行为、诚信环境、法律环境、中介服务、教育水平、科技水平等多层面的因素。不同区域的金融发展因为影响其发展的金融生态环境的不同呈现出了不同特点，如我国东部地区的金融业发展明显快于西部，经济发达程度高的省市的金融业发展水平高于经济发达程度低的省市。所以，对不同地区的金融发展状况及其问题的研究不能一概而论。而且，开放社会的金融发展不是只受本区域金融生态环境的影响，因此，仅从纵向分析自身金融生态环境的发展趋势是不全面的，还需要从横向与其他相近区域进行比较分析才能更加全面地了解某一区域金融生态环境的状况。所以，本文从吉林省实际的金融生态环境各因素角度出发，从纵向和横向两个方面分析影响吉林省金融发展的生态环境。

1　评价体系的构建

本文采用层次分析法（AHP）构建评价吉林省金融生态环境的指标体系。

1.1　指标体系的构建

本文根据层次分析法和研究的目的，确定目标层是吉林省金融生态环境综合评价；结合吉林省金融行业的发展特征和影响因素，确定准则层是影响金融生态环境的主要因素，包括经济基础、金融资源、政府行为、诚信环境、法律环境、中介服务、教育水平和科技水平。根据构想的操作化和数据的可得性原则，将准则层分解为27个可测量的指标，具体指标体系见表1。

表1　　吉林省金融生态环境综合评价指标体系

目标层	准则层	指标层	权重 W_i
吉林省金融生态环境综合评价	经济基础（21%）	1. 地区生产总值（亿元）	3%
		2. 地区生产总值增速（%）	3%
		3. 城镇居民可支配收入（元）	3%
		4. 农民人均纯收入（元）	3%
		5. 固定资产投资（亿元）	3%
		6. CPI（居民消费价格指数）	3%
		7. 海关进出口总值（亿美元）	3%
	金融资源（20%）	8. 金融深化指标	4%
		9. 金融市场发展程度	4%
		10. 金融市场开放程度	4%
		11. 股票流通市值（亿元）	4%
		12. 全部保险机构的保险密度（元/人）	4%
	政府行为（14%）	13. 地方财政支出（亿元）	7%
		14. 财政缺口（亿元）	7%
	诚信环境（15%）	15. 商业银行不良贷款比率（%）	15%
	法律环境（10%）	16. 审执结各类案件（件）	10%
	中介服务（10%）	17. 银行业网点机构个数	2%
		18. 银行业从业人员数	1%
		19. 会计师事务所数量	2%
		20. 注册会计师数量	1%
		21. 证券、期货公司及营业部（个）	2%
		22. 保险公司及分支机构（个）	1%
		23. 保险从业人员数	1%
	教育水平（5%）	24. 普通高校在校学生数（万人）	3%
		25. 普通高等教育学校数	2%
	科技水平（5%）	26. R&D（研究与开发）经费支出（亿元）	3%
		27. 专利授权量（个）	2%

1.2 评价模型的确立

评价模型如下：

$$FEE = \sum_{i=1}^{n} W_i I_i$$

其中，W_i 代表指标层第 i 个变量在指标体系中的权重，I_i 代表指标层第 i 个变量的原始数据标准化①后的数值，FEE 代表金融生态环境的评价结果，其数值的大小与环境水平的优劣相对应。

2 吉林省金融生态环境纵向比较分析

2.1 数据分析

纵向分析从《吉林统计年鉴》（2009—2015）、《中国金融年鉴》（2009—2015）、《吉林省金融运行报告》（2008—2014）、《吉林省高级人民法院工作报告》（2009—2015）、《吉林省注册会计师协会年度工作总结及下一年工作计划》（2008—2014）、《吉林省国民经济和社会发展统计公报》（2008—2014）中取得所需原始数据。纵向分析数据标准化结果如下。

（1）经济基础纵向分析。

经济基础指标层标准化数据见表2。

表2　经济基础指标层标准化数据　单位：亿元

年份	地区生产总值（I_1）	地区 GDP 增速（I_2）	城镇居民可支配收入（I_3）	农民人均纯收入（I_4）	固定资产投资（I_5）	CPI（I_6）	海关进出口总值（I_7）
2008	-1.32849	1.179706	-1.2589	-1.18836	-1.54348	1.120184	-1.11235
2009	-1.02513	0.471882	-0.97032	-1.03822	-0.73255	-1.65127	-1.37404
2010	-0.53099	0.530868	-0.62583	-0.5842	0.427523	0.344837	-0.53655
2011	0.145471	0.530868	-0.04081	-0.02647	-0.64307②	1.197168	0.317855

① 标准化是将变量的观察值减去均值后除以标准差的方法，标准化后的每列数据均值为0，负值在平均水平以下，正值在平均水平以上，标准差为1。

② 从2011年开始，固定资产投资统计的起点标准从计划总投资额50万元提高到500万元，因此2011年全社会固定资产投资绝对数与2010年不可比。

续 表

年份	地区生产总值（I_1）	地区 GDP 增速（I_2）	城镇居民可支配收入（I_3）	农民人均纯收入（I_4）	固定资产投资（I_5）	CPI（I_6）	海关进出口总值（I_7）
2012	0.438792	0	0.550344	0.464074	0.471539	-0.32053	0.732656
2013	1.003874	-1.09123	1.057149	0.925313	0.676763	-0.09508	0.943096
2014	1.296462	-1.6221	1.288362	1.447871	1.343272	-0.59548	1.029342

数据来源：《吉林统计年鉴》（2009—2015）。

从表 2 中可以看出，经济基础这一准则层中，地区生产总值、城镇居民可支配收入、农民人均纯收入和海关进出口总值等 4 个指标呈现上升趋势，并且上升趋势非常明显；而地区 GDP 增速则逐年递减，CPI 在经济发展过程中出现了反复迂回并逐年下降的特点；固定资产投资由于统计标准的变化，使得指标数据在 2011 年发生反复，但实际是呈现上升趋势的。指标变化分析说明，吉林省经济发展总体呈现上升的势头，但不稳定。

（2）金融资源纵向分析。

金融资源指标层标准化数据见表 3。

表 3　　金融资源指标层标准化数据　　单位：亿元；元/人

年份	金融深化指标①（I_8）	金融市场发展程度②（I_9）	金融市场开放程度③（I_{10}）	股票流通市值（I_{11}）	全部保险机构的保险密度（I_{12}）
2008	-1.49699	-0.62471	0.084066	-1.80175	-1.34007
2009	0.654635	0.860153	1.064849	-0.63741	-0.87557
2010	0.145067	1.625774	-0.0467	0.501216	0.113356
2011	-1.04119	0.351835	-1.55057	0.570858	-0.2063
2012	-0.03039	-1.19224	-0.83133	-0.28681	-0.024

① 金融深化指标 = 金融机构存贷款总和/GDP。

② 金融市场发展程度 = （股票流通市值 + 保费收支）/GDP。

③ 金融市场开放程度 = 实际可利用外资金额/GDP。

续 表

年份	金融深化指标（I_8）	金融市场发展程度（I_9）	金融市场开放程度（I_{10}）	股票流通市值（I_{11}）	全部保险机构的保险密度（I_{12}）
2013	0.310003	-0.7937	-0.0467	0.426724	0.591338
2014	1.458893	-0.22705	1.326392	1.227173	1.741242

数据来源：《中国金融年鉴》（2009—2015）与《吉林省金融运行报告》（2008—2014）。

从表3中可以看出，金融资源指标层的金融深化指标、金融市场开放程度、股票流通市值和全部金融机构的保险密度等4个指标从2008年到2014年的7年间整体呈现上升的良好发展趋势，但都经历了先上升后下降再上升的波动；金融市场发展程度指标先是逐年上升，2011年和2012年急转直下，2013年下降趋势有所减缓。这表明金融资源的发展与经济发展不同步。分析金融深化指标和金融市场开放程度的变化态势，鉴于吉林省地区生产总值处于上升的态势，可以得知金融机构的存贷款总额、实际利用外资金额的增速反复波动，发展并不稳定。分析金融市场发展程度指标的变化走向，鉴于吉林省地区生产总值处于上升的态势，股票市场和保险市场的发展速度小于经济的发展速度。

（3）政府行为、诚信环境、法律环境纵向分析。

政府行为、诚信环境、法律环境三个指标层的标准化数据见表4。

表4　政府行为、诚信环境、法律环境三个指标层的标准化数据 单位：亿元

年份	政府行为		诚信环境	法律环境
	地方财政支出（I_{13}）	财政缺口（I_{14}）	商业银行不良贷款比率（I_{15}）	审执结各类案件（I_{16}）
2008	-1.4284	-1.58822	2.051855	-1.574934278
2009	-0.96905	-0.88348	0.562502	-0.944181033
2010	-0.49603	-0.3052	-0.326	-0.354164944
2011	0.140638	0.195591	-0.59446	0.35133587
2012	0.554483	0.425081	-0.68395	0.869187459

续 表

年份	政府行为		诚信环境	法律环境
	地方财政支出（I_{13}）	财政缺口（I_{14}）	商业银行不良贷款比率（I_{15}）	审执结各类案件（I_{16}）
2013	0.974702	0.90456	-0.63921	0.467251106
2014	1.223645	1.251675	-0.37074	1.185505825

数据来源：《吉林统计年鉴》（2009—2015）、《中国金融年鉴》（2009—2015）及《吉林省高级人民法院工作报告》（2009—2015）。

从表4中可以看出，吉林省地方财政支出和财政缺口都处于逐年上升趋势，这表明政府财政赤字增加对金融的稳定有影响、对金融的发展具有抑制作用；商业银行不良贷款比率虽然在2011年和2012年受到经济发展周期的影响有所上升，但总体上仍呈现明显的下降趋势，这说明社会诚信环境在不断改善；审执结各类案件的数量呈明显上升趋势，这表明吉林省人们的维权意识在增强、法律执行力度在不断提高、法律环境在不断完善。

（4）中介服务纵向分析。

中介服务指标层的标准化数据见表5。

表5　　中介服务指标层的标准化数据　　单位：个

年份	银行业网点机构个数（I_{17}）	银行业从业人员数（I_{18}）	会计师事务所数量（I_{19}）	注册会计师数量（I_{20}）	证券、期货公司及营业部（I_{21}）	保险公司及分支机构（I_{22}）	保险从业人员数（I_{23}）
2008	0.077756	-1.41185	-1.45096	-1.52152	-1.06983	-1.80706	0.815216
2009	0.00864	-1.23292	0.806712	0.072278	-1.06983	-0.08144	1.91393
2010	0.984908	0.274136	-0.99943	1.590182	-0.52684	-0.09685	-0.59863
2011	-1.78838	-0.00898	-0.32212	-0.38309	-0.34584	0.088037	-0.528
2012	-0.44926	0.45494	-0.09636	0.856528	0.672284	-0.31255	-0.65057
2013	-0.10367	0.542678	1.032479	-0.10481	0.921154	0.81218	-0.75776
2014	1.270012	1.381987	1.032479	-0.50959	1.418904	1.397657	-0.19417

数据来源：《吉林统计年鉴》（2009—2015）与《吉林省注册会计师协会年度工作总结及下一年工作计划》（2008—2014）。

从表5中可以看出，中介服务指标层中的银行业网点机构个数、银行业从业人员数、会计师事务所数量、保险公司及分支机构等4个指标都在2010年前后出现高点后下滑，随后又逐年上升；证券、期货公司及营业部指标呈现明显的上升趋势；注册会计师数量、保险从业人员数量不稳定，并呈现下降趋势。这表明随着社会经济金融的不断发展，中介服务体系的发展并不稳定，与逐年增长的GDP并不同步，中介服务功能没有完全发挥出来。

（5）教育、科技水平纵向分析。

教育、科技水平指标层的标准化数据见表6。

表6　　　　教育、科技水平指标层的标准化数据

单位：万人；所；亿元；个

年份	普通高校在校学生数（I_{24}）	普通高等教育学校数（I_{25}）	R&D经费支出（I_{26}）	专利授权量（I_{27}）
2008	-1.47571	-1.4533	-1.62835	-1.32613
2009	-0.79928	-1.4533	-0.42569	-1.12631
2010	-0.46233	0.351606	-0.64521	-0.38971
2011	0.005389	0.515688	-0.1189	0.008564
2012	0.407725	0.679771	0.69722	0.698996
2013	0.935791	0.679771	1.088106	0.902956
2014	1.388419	0.679771	1.032829	1.231635

数据来源：《吉林省国民经济和社会发展统计公报》（2008—2014）。

从表6中可以看出，反映教育水平的指标中普通高等教育学校数上升速度较慢，但普通高校在校学生数却不断增加，这表明吉林省的高等教育在不断发展，间接反映了吉林省人文环境的改善；反映科技水平的两个指标呈现上升趋势，表明全省的科研支持力度不断增强，科技水平也在不断提高。

2.2　综合评价指数计算

根据评价模型对2008年至2014年的标准化数据进行计算，得到吉林省金融生态环境的最终综合评价指数的纵向比较结果，见图1。其中的权重采用德尔菲法加以确定。

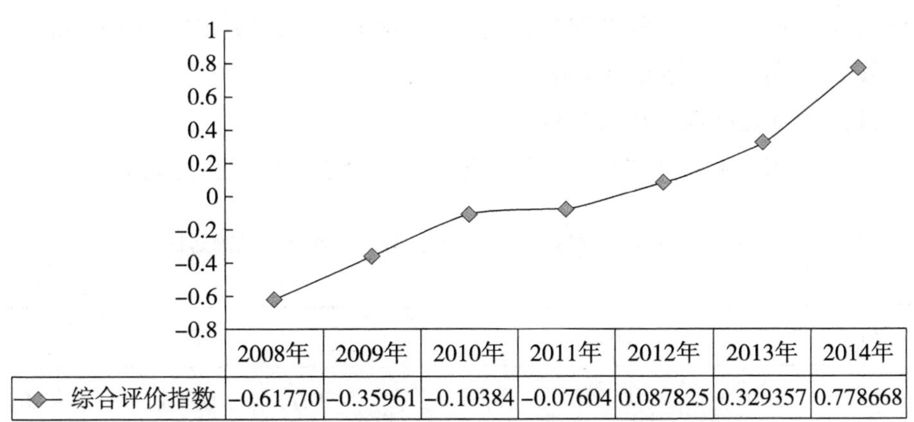

	2008年	2009年	2010年	2011年	2012年	2013年	2014年
综合评价指数	-0.61770	-0.35961	-0.10384	-0.07604	0.087825	0.329357	0.778668

图1　吉林省金融生态环境综合评价指数纵向比较结果

2.3　比较结果分析

从图1中可以看出，吉林省金融生态环境综合评价指数上升趋势明显，未来发展前景值得期待。

3　吉林省金融生态环境横向比较分析

鉴于辽宁省和黑龙江省同为东北地区的三大省份之一、同为振兴东北老工业基地政策对象，本文将吉林省与辽宁省、黑龙江省的金融生态环境进行横向比较分析。

3.1　数据分析

横向分析从《吉林统计年鉴》(2014—2015)、《辽宁统计年鉴》(2014—2015)、《黑龙江统计年鉴》(2014—2015)、《中国金融年鉴》(2014—2015)、《吉林省金融运行报告》(2013—2014)、《辽宁省金融运行报告》(2013—2014)、《黑龙江省金融运行报告》(2013—2014)、《吉林省高级人民法院工作报告》(2014—2015)、《辽宁省高级人民法院工作报告》(2014—2015)、《黑龙江省高级人民法院工作报告》(2014—2015)、《吉林省注册会计师协会本年度工作总结及下一年工作计划》(2013—2014)、《辽宁省注册会计师协会本年度工作总结及下一年工作计划》(2013—2014)、《黑龙江省注册会计师协会本年度工作总结及下一年工作计划》(2013—2014)、《吉林省国民经济和社会发展统计公报》(2013—2014)、《辽宁省国民经济和社会发展统计公报》(2013—

2014）、《黑龙江省国民经济和社会发展统计公报》（2013—2014）中取得所需原始数据。横向分析数据标准化结果如下。

（1）经济基础横向比较分析。

2013—2014 年吉林省与辽宁省、黑龙江省经济基础对比见表 7。

表 7　　2013—2014 年吉林省与辽宁省、黑龙江省经济基础对比

单位：亿元；%

年份	2013			2014		
省份	吉林省	辽宁省	黑龙江省	吉林省	辽宁省	黑龙江省
GDP	-0.665232	1.149989	-0.484759	-0.650835	1.151438	-0.500604
GDP 增速	-0.094906	1.044085	-0.94914974	1.128551	-0.352673	-0.775880
城镇居民可支配收入	-0.069537	1.032955	-0.963414	-0.490063	1.150502	-0.660442
农民人均纯收入	-0.589876	1.154609	-0.564734	-0.519463	1.150502	-0.660442
固定资产投资	-0.659137	1.150637	-0.491499	-0.471727	1.148609	-0.676883
CPI	1.108740	-0.274610	-0.833836	1.053371	-0.117041	-0.936330
海关进出口总值	-0.708362	1.143907	-0.435545	-0.704467	1.144569	-0.440102

数据来源：《吉林统计年鉴》（2014—2015）、《辽宁统计年鉴》（2014—2015）、《黑龙江统计年鉴》（2014—2015）。

从表 7 中可以看出，衡量经济基础的七个指标中，吉林省的 GDP、城镇居民可支配收入两个指标优于黑龙江省，但与辽宁省相差甚远；GDP 增速、农民人均纯收入、固定资产投资三个指标处于上升趋势，从 2013 年最差到 2014 年超过了黑龙江省，尤其是在 2014 年吉林省成为三个省 GDP 增速表现最好的；CPI、海关进出口总值是吉林省的劣势，这说明吉林省应该加强对通货膨胀的控制，尤其需要增加对外的贸易往来。

（2）金融资源横向比较分析。

2013—2014 年吉林省与辽宁省、黑龙江省金融资源对比见表 8。

表 8　　2013—2014 年吉林省与辽宁省、黑龙江省金融资源对比

单位：亿元；元/人

年份	2013			2014		
省份	吉林省	辽宁省	黑龙江省	吉林省	辽宁省	黑龙江省
金融机构存贷款总和/GDP	-0.687578	1.147175	-0.459596	-0.671508	1.149266	-0.477762
（股票市场流通市值+保费收支）/GDP	1.152793	-0.518574	-0.634219	1.154591	-0.590670	-0.563980
实际可利用外资金额/GDP	-0.298829	1.115347	-0.816518	-0.205868	1.086913	-0.881044
股票流通市值	-0.238476	1.097679	-0.85920	-0.362283	1.130648	-0.768365
全部保险机构的保险密度	-0.705627	1.144376	-0.438741	-0.761978	1.132349	-0.370372

数据来源：《吉林省金融运行报告》（2013—2014）、《辽宁省金融运行报告》（2013—2014）、《黑龙江省金融运行报告》（2013—2014）和《吉林省国民经济和社会发展统计公报》（2013—2014）、《辽宁省国民经济和社会发展统计公报》（2013—2014）、《黑龙江省国民经济和社会发展统计公报》（2013—2014）。

从表 8 中可以看出，吉林省的金融深化程度和金融保险机构的保险密度处于劣势，尤其是保险密度，呈现下降的趋势；金融市场发展程度处于优势，且呈现上升趋势；股票流通市值远远低于辽宁省，这表明吉林省金融发展不全面；在金融市场开放程度方面，吉林省远远低于辽宁省，但高于黑龙江省，且呈现上升趋势。综合来看，吉林省在金融资源方面不占优势。

（3）政府行为横向比较分析。

2013—2014年吉林省与辽宁省、黑龙江省政府行为对比见表9。

表9　2013—2014年吉林省与辽宁省、黑龙江省政府行为对比　单位：亿元

年份	2013			2014		
省份	吉林省	辽宁省	黑龙江省	吉林省	辽宁省	黑龙江省
地方财政支出	-0.804381	1.119636	-0.315255	-0.794589	1.122878	-0.328288
财政缺口	-1.024500	0.050947	0.973553	-0.943589	-0.104604	1.048188

数据来源：《吉林统计年鉴》（2014—2015）、《辽宁统计年鉴》（2014—2015）、《黑龙江统计年鉴》（2014—2015）。

从表9中可以看出，吉林省和辽宁省、黑龙江省的地方财政支出和财政缺口在绝对值上都是逐年上升的，但在相对值上吉林省占有优势，只是这种优势在逐渐减弱。这就需要吉林省调整好财政收入和财政支出的关系，避免出现由于财政支出的增加导致财政赤字压力的加剧，从而降低政府履行其他公共服务的能力并引发财政危机。

（4）诚信环境和法律环境横向比较分析。

2013—2014年吉林省与辽宁省、黑龙江省诚信、法律环境对比见表10。

表10　2013—2014年吉林省与辽宁省、黑龙江省诚信、法律环境对比

单位：%；件

年份	2013			2014		
省份	吉林省	辽宁省	黑龙江省	吉林省	辽宁省	黑龙江省
商业银行不良贷款比率	-1.0565445	0.12480564	0.93173882	-1.1014979	0.25070408	0.8507937
审执结各类案件	-0.71005225	1.143613058	-0.43356081	-0.76703456	1.13100875	-0.3639742

数据来源：《中国金融年鉴》（2014—2015）、《吉林省高级人民法院工作报告》（2014—2015）、《辽宁省高级人民法院工作报告》（2014—2015）、《黑龙江省高级人民法院工作报告》（2014—2015）。

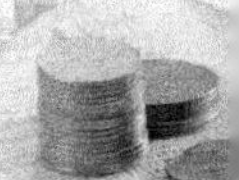

从表10中可以看出，吉林省的诚信环境较好，商业银行不良贷款比率低于辽宁省和黑龙江省，这说明吉林省的银行风险管理比较完善，能够相对科学地对不良贷款进行控制；但吉林省的法律环境较差，虽然在绝对值上审执结各类案件的数量有所提高，但相对于辽宁省和黑龙江省却相差甚远，说明吉林省还需要加强司法体系建设，完善法律环境。

（5）中介服务横向比较分析。

2013—2014年吉林省与辽宁省、黑龙江省中介服务对比见表11。

从表11中可以看出，吉林省的银行业网点机构个数、银行业从业人员数、会计师事务所数量、注册会计师数量、保险公司及分支机构都远远低于其他两省，这表明银行服务、会计服务都比较弱，呈现明显的劣势；证券、期货公司及营业部指标稍强于黑龙江省，保险从业人员的数量明显多于黑龙江省，但没有呈现明显的优势。总之，吉林省金融生态环境中中介服务功能较差，这会阻碍金融行业的发展。

表11　2013—2014年吉林省与辽宁省、黑龙江省中介服务对比

单位：个；人

年份	2013			2014		
省份	吉林省	辽宁省	黑龙江省	吉林省	辽宁省	黑龙江省
银行业网点机构个数	-0.94558	1.046731	-0.10115	-0.91547	1.06719	-0.15172
银行业从业人员数	-0.91521	1.06736	-0.15215	-0.88560	1.08451	-0.19891
会计师事务所数量	-1.13363	0.75696	0.37667	-1.09372	0.86754	0.22618
注册会计师数量	-1.14779	0.68310	0.46469	-1.12850	0.77607	0.352437
证券、期货公司及营业部	-0.458837	1.14708	-0.68824	-0.45340	1.14639	-0.692989

续 表

年份	2013			2014		
省份	吉林省	辽宁省	黑龙江省	吉林省	辽宁省	黑龙江省
保险公司及分支机构	-0.70110	1.145120	-0.44403	-0.70751	1.14405	-0.43655
保险从业人员数	-0.07756	1.03652	-0.95896	-0.09238	1.042988	-0.95061

数据来源：《吉林省注册会计师协会本年度工作总结及下一年工作计划》（2013—2014）、《辽宁省注册会计师协会本年度工作总结及下一年工作计划》（2013—2014）、《黑龙江省注册会计师协会本年度工作总结及下一年工作计划》（2013—2014）。

（6）教育、科技水平横向比较分析。

2013—2014 年吉林省与辽宁省、黑龙江省教育、科技水平对比见表 12。

从表 12 中可以看出，反映教育及科技水平的所有指标，吉林省都远远低于其他两省。作为影响金融生态环境的间接因素，教育水平和科技水平对金融生态环境的影响是长期的，从这个角度看，吉林省未来的金融生态环境发展前景堪忧。从长远来看，吉林省需要加大教育改革和教育投入，加强科技研究的支持力度。

表 12　2013—2014 年吉林省与辽宁省、黑龙江省教育、科技水平对比

单位：万人；所；亿元；个

年份	2013			2014		
省份	吉林省	辽宁省	黑龙江省	吉林省	辽宁省	黑龙江省
普通高校在校学生数	-0.861911	1.096412	-0.234502	-0.841964	1.105323	-0.263359
普通高等教育学校数	-0.916069	1.066815	-0.150745	-0.910739	1.070118	-0.159379
R&D 经费支出	-0.634932	1.152718	-0.517786	-0.698878	1.145477	-0.446600
专利授权量	-1.147830	0.682840	0.464990	-1.096323	0.862098	0.234225

数据来源：《吉林省国民经济和社会发展统计公报》（2013—2014）、《辽宁省国民经济和社会发展统计公报》（2013—2014）、《黑龙江省国民经济和社会发展统计公报》（2013—2014）。

3.2 综合评价指数计算

吉林省金融生态环境综合评价指数横向比较结果见图2。

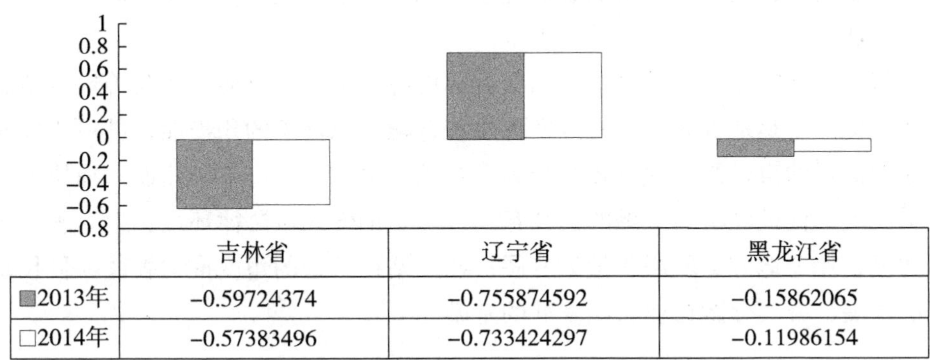

	吉林省	辽宁省	黑龙江省
■2013年	−0.59724374	−0.755874592	−0.15862065
□2014年	−0.57383496	−0.733424297	−0.11986154

图2　吉林省金融生态环境综合评价指数横向比较结果

3.3 比较结果分析

从图2中我们可以看出，吉林省除了个别指标优于黑龙江省之外，大多数指标都劣于黑龙江省，吉林省的金融生态环境水平远低于黑龙江省，与辽宁省的差距更是不言而喻。通过比较分析，我们不难发现吉林省金融生态环境的劣势在逐渐削弱。

4　实证分析结论

本研究通过对金融生态环境这一概念进行维度拆解，将金融生态环境拆解为经济基础、金融资源、政府行为、诚信环境、法律环境、中介服务、教育水平和科技水平八个方面，并将其进一步拆解为27个可测量的指标，构建了适合吉林省的金融生态环境综合评价体系。在对吉林省的金融生态环境进行纵向比较的同时，与同为东北老工业基地的辽宁省和黑龙江省进行横向比较。通过分析比较结果，我们可以看出：自东北老工业基地振兴战略实施以来，吉林省作为一个农业大省，在自身的改革和发展过程中，通过改善经济基础、金融资源、政府行为、法律环境和诚信环境等因素，其金融生态环境在逐年改善；但与同为东北老工业基地的辽宁省和黑龙江省相比较，还存在很大的差距，与那些金融更加发达地区的情况相比，更是相去甚远，尤其是在中介服务、教育水平、科技水平方面，前景不容乐观。

金融生态环境的改善不是一蹴而就的，而是一个长期的、系统化的工程。吉林省需要从实际情况出发，全方位、多角度、有针对性地改善金融生态环境中的弱势要素，这样吉林省的金融生态环境才能不断完善，才能够促进金融业健康发展。

依据本文的数据比较分析，当前吉林省应从以下几方面着手改善地方金融生态环境：一是地方政府要充分发挥改善金融生态环境的积极性，进一步完善相应的监督约束机制，规范政府行为；二是加强区域经济基础建设，加快地方金融发展，促进经济与金融的良性互动；三是加强区域法律环境、中介服务体系建设，保证地方金融高质量地发展；四是站在长远的角度推动教育和科技事业的发展，夯实金融行业长期发展的基础。

参考文献

［1］陈岩．山东省金融生态环境评价问题研究［D］．青岛：中国海洋大学，2010.

［2］袁晋华，朱锦．建立我国区域金融生态环境评价指标体系初探［J］．武汉金融，2005（11）.

我国的保险文化研究

刘　静

（长春金融高等专科学校金融学院，吉林长春，130028；

吉林省金融文化研究中心，吉林长春，130028）

摘　　要： 文化具有社会和产业双重属性。保险文化是保险公司的核心竞争力，对保险公司的发展具有很好的推动作用。人们对保险文化的认识在很大程度上决定着保险在社会中的发展水平和作用发挥。在我国保险业的发展过程中，保险文化由开始的单调贫乏逐步走向繁荣。我国在保险文化建设中取得了一些成绩，但也存在许多不足，如部分国民的保险消费观念还不成熟、诚信缺失仍是保险业面临的重大问题、保险公司的经营理念与科学完善的保险经营理念还存在差距以及保险文化创新能力较弱等。针对这些不足，应采取相应的措施进行改进，如树立长期发展的经营理念、将中华传统文化的优秀理念融入保险经营中、培育高质量的保险人才以及鼓励保险文化创新等。

关 键 词： 文化　保险文化　术德兼修

收稿日期： 2016－09－03

基金项目： 吉林省金融文化研究中心科研资助专项课题（2016JRWH004）

作者简介： 刘静（1981—），女，山东济宁人，长春金融高等专科学校金融学院讲师，经济学硕士，研究方向：经济学。

现阶段，我国正处在保险市场深度对外开放、市场竞争日趋激烈以及中外保险文化相交融的新阶段，保险文化的重要性也被越来越多的人所提及。梳理中国保险业中形成的文化脉络，找出适合当前保险业发展的文化主流，对于促进我国保险业做大做强、推动保险业健康发展、全面建设社会主义和谐社会具有十分重大的现实意义。

1 保险文化的内涵及保险文化建设的意义

1.1 保险文化的内涵

保险文化，主要指保险公司在长期的经营活动中形成的思维模式、行为准则、道德观念和价值取向的总和。在我国社会发展的历史进程中，保险文化是保险公司的核心竞争力，是决定保险公司能否长远稳定发展的重要因素。保险文化建设是构建社会主义和谐社会的重要一环，对我国的经济发展和社会进步发挥着非常重要的作用。

1.2 保险文化建设的意义

加强保险文化建设对我国保险业的发展意义重大。第一，优秀的保险文化可以提高保险公司的竞争力，使公司吸引更多的客户。第二，优秀的保险文化建设可以促进理念文化、制度文化和行为文化的建设，并且可以促进保险行业的健康发展。第三，优秀的保险文化能够提高人们的保险意识，为保险监管创造良好的市场环境。第四，优秀的保险文化是社会主义先进文化在保险业中的具体体现，其建设是构建社会主义和谐社会的重要组成部分。

2 我国保险文化在保险业不同发展时期的特征

西方发达国家的保险业已有几百年的发展历史，而我国保险业只有短短几十年的发展时间，文化底蕴不厚，中国要形成先进的保险文化，还需要在很长

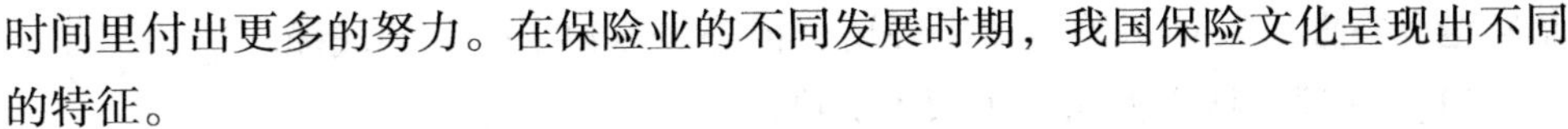

时间里付出更多的努力。在保险业的不同发展时期，我国保险文化呈现出不同的特征。

2.1 单调贫乏的保险文化

中华人民共和国刚成立时，我国只有一家全国性的保险公司——中国人民保险公司，保险市场由它垄断经营。直到中国太平洋保险公司以及中国平安保险公司相继成立后，竞争的局面才逐步形成。在这期间，只有很少一部分人对保险有认知，保险产品匮乏；保险服务在日常生活中很少被提到，很多人非常排斥保险；保险业对内对外都处于封闭状态；没有发达的保险市场，缺少形成良好保险文化的土壤，保险只表现为单一的宣传。

2.2 保险文化的初步繁荣

随着中国太平洋保险公司以及中国平安保险公司的成立，产生了保险业竞争的局面；1992 年，美国友邦保险公司在上海开业，标志着外资保险公司进入中国，结束了中国保险业对外封闭的状态；1996 年后，随着新华人寿、泰康人寿等国内一批股份制保险公司相继成立，以及国外一些优秀的保险公司进入中国，中国保险业开始出现多元化的保险文化。另外，保险经纪、保险公估以及保险代理等中介机构也如雨后春笋般成立，给保险文化增添了不少色彩。人性化的服务、个性化的产品、市场化的竞争手段成为保险文化的重要组成部分。保险文化的初步繁荣使保险被越来越多的人所接受，人们的保险意识也有了一定程度的提升。

2.3 保险文化的进一步繁荣

随着我国保险业入世过渡期的结束，我国保险市场已全面走向开放。越来越多的外资保险公司涌入我国，且在数量上已超过中资保险公司。在深度开放的市场环境下，中外双方在继承自身优秀文化元素的同时，主动消除差异和冲突，出现了相互融合的局面。中外保险文化的融合使我国保险文化水平不断提升，进一步走向繁荣。尤其是近些年，越来越多的人认识到保险文化的重要性，为吸引更多的客户，各保险公司都在建设自己独具特色的保险文化。

3 我国保险文化建设的成就与不足

3.1 我国保险文化建设的成就

在我国保险业短短几十年的发展历程中，保险文化建设虽然受制于经济体制转型和行业发展初级阶段的大环境，但还是取得了一定的成绩。

（1）在理论认识方面有了很大提高。

目前，人们已经认识到保险除了具有保险保障功能外，还具有资金融通、防灾防损以及社会管理的功能；提出把以人为本、诚信服务作为保险业发展的本质，要求保险业广泛服务于人们生活的各个方面以及各个阶层。这些理论的发展丰富了保险文化的内涵，并为保险业的发展指明了方向。

（2）基本的制度框架已经建立。

从维护保险行业乃至整个金融业的稳定、保护消费者利益出发，我国确立了财产保险和人身保险分业经营的制度，设立了专门的监管部门——银保监会；在市场主体方面，确立了市场准入制度，并对公司内控建设颁布了指导原则；在监管方面，已经确立了以偿付能力监管、公司治理结构监管和市场行为监管为三大支柱的保险监管制度框架，这三大支柱相互依赖、相互作用。此外，我国通过保险公司资金运用管理、偿付能力充足率要求以及再保险业务规定等确保保险公司经营的审慎性。

（3）企业文化建设初显成效。

企业文化是企业信奉并付诸实践的价值理念。近年来，越来越多的公司认识到文化竞争在市场竞争中的核心地位，纷纷建设符合自身特色的企业文化。中国人寿保险公司提出了“成己为人，成人达己”的双层理念。“成己为人”充分表达了中国人寿保险公司的社会责任观，公司自身的发展最终是为了向社会大众提供全方位的、专业化的服务；“成己为人”意味着中国人寿保险公司愿意通过自身的发展带动行业发展。中国平安保险公司在发展历程中，逐步形成了独具特色的企业文化，倡导“以优秀的传统文化为基础，以追求卓越为过程，以价值最大化为导向，做一个高尚和有价值的人”。中国太平洋保险公司以“诚信天下，稳健一生，追求卓越”为企业的核心价值观，以“推动和实现可持续的价值增长”为经营理念，不断创造价值，为社会和谐做出贡献。中国人民财产保险公司以“求实、诚信、拼搏、创新”为企业精神；以“以市场为导向，以客户为中心”为经营理念。这些各具特色的企业文化为企业的发展树立了目标，引导各保险公司不断发展壮大。

3.2 我国保险文化建设的不足

尽管我国的保险文化建设取得了一些成绩，但由于市场竞争不充分、监管不到位等种种原因，距离保险业以人为本的发展本质还有很大差距，主要表现为以下几个方面。

（1）消费者的保险消费观念不成熟。

①缺乏自我保障意识。受传统思想的影响，一些家庭仍存在相互依存、对外封闭、躲避风险、故步自封的观念，对风险的认识不充分，对风险管理的认识不全面，宁可亡羊补牢，也不愿未雨绸缪。

②缺乏保险相关知识。许多人对保险基本理论知识缺乏了解，认为买保险“不太吉利”；还有一部分人在连续几年投保而没发生事故，没向保险公司提出索赔后，就产生了“自己花了冤枉钱”的偏见。在我国，有很多人还没有意识到保险是转移风险、减少损失的方式；没有认识到保险的费率是根据概率论、大数法则等，经过复杂的数学运算计算出来的，是具有科学性的。

③保险消费行为不成熟。保险最主要、最本质的功能是提供保障，而现在部分人总想通过买保险“获取高的回报率”，扭曲了保险产品的价值，没有树立正确的保险观，以致购买了一些不适合自己的险种或者造成重复保险，酿成了保险浪费。

④保险法律意识淡薄。不少投保人认为自己花钱买保险，发生保险事故后保险公司就应该赔偿自己的全部损失，对保险合同中的责任免除条款不太理解，甚至产生抱怨，常常用传统观念和情感来评判市场规则，而忽视了保险是一种契约行为。

（2）诚信缺失仍然是保险业面临的重大问题。

①保险人诚信的缺失。由于保险合同是保险人制定的，存在一些比较难懂的术语、部分条款叙述得模棱两可、某些条款设置得不透明等问题，所以在签订合同之前保险人要对合同的条款做出准确恰当的解释，尤其是对免责条款，要进行明确的提示说明。但由于一些保险销售人员素质不高、售后服务跟不上、保险公司之间存在着无序竞争等问题，很多保险公司的业务员并没有完全做到以上要求，使保险人的信誉和形象受到了很大影响。

②投保人诚信的缺失。保险人对保险标的风险状况的了解主要依赖投保人的告知，如果投保人没有对保险标的的风险情况进行如实告知，那么将直接影响保险人对风险大小的判断，可能出现以低费率承保高风险标的的情况，进而影响公司的经营效益。在现实生活中，不乏一些投保人在投保前故意隐瞒保险标的的风险状况，不如实填写投保单；在投保后故意制造保险事故、夸大损失

等现象，对投保人的信誉造成了严重影响。

（3）保险公司的经营理念与科学完善的保险经营理念还存在差距。

在市场开拓方面，主要表现为业务领域狭窄，产品创新力度不够，销售渠道管理不完善；在市场竞争方面，有些保险公司为了占领市场，不惜一切代价地降低费率，将手续费和佣金提高，这种恶性价格竞争严重影响了保险市场的秩序，影响了公司的经营效益；在服务水平方面，仍然存在依赖关系和人情的现象，保险从业人员的素质参差不齐，一些从业人员只顾眼前利益，缺乏大局观念和长远发展意识。这些现象的存在，说明目前我国保险公司的经营理念与科学完善的保险经营理念还存在着一定的差距。

（4）保险文化创新能力较弱。

目前，不少保险公司只注重保险产品创新，而忽略了保险文化创新，在很大程度上影响了保险公司的发展。其主要表现为创新意识不强，很多从业人员把全部精力放在一味追求业绩上，满足于惯性思维，很少有人关注保险文化创新；创新动力不足，一般，保险公司没有相对于文化创新的激励机制，也没有相应的考评要求，创新缺乏足够的财力支持和利益保障。这些客观原因的存在，导致一些保险公司文化创新发展缓慢，尤其是一些小公司，其保险文化只是复制他人而没有创新。

4　建设我国保险文化的建议

保险文化建设，要从文化对社会生活方式和人们行为习惯具有重大影响的认识高度来看待，要深刻认识保险文化建设在促进保险行业科学发展中的重要作用。另外，在推进保险文化建设中应该充分认识文化的稳定性和可变性，汲取中华文化传统中具有生命力的精华，并融合西方文化中先进的技术和理念，建设和创新中国保险文化，形成有中国特色的保险文化，实现中国保险业的现代化和国际化。

4.1　树立长期发展、注重品质、提供保障的经营理念

随着保险市场竞争的加剧，每个公司都会面临巨大的短期业绩压力，但是在追求短期效益提升的同时，千万不能忽略坚持长期发展的理念，应强调效益提升的持续性和稳定性。保险公司在千方百计地提高市场占有率的同时，一定要注重业务品质和服务品质。现代的保险业竞争在很大程度上就是保险服务的

竞争，很多人在选择保险公司时，首先考虑到的不是价格，而是服务水平。品质高、服务好，才会吸引更多的客户，才不会轻易失去已有的市场份额。保险公司在进行产品创新时，要坚持保险提供保障的根本观念，不能过多地注重投资回报。只有坚持树立长期发展、注重品质、提供保障的经营理念，才能实现保险业的健康发展。

4.2 将中华文化的优秀理念融入保险经营中

保险公司作为中国的保险经营者，应当了解中华文化的优秀理念，并将其与保险经营相融合。保险经营者要有爱心、责任心与使命感。保险制度源于互助、保障思想。居安思危，通过购买保险，让自己和家人的生活有保障，生活得更幸福，这就是爱。保险是责任，是对客户的承诺。在保险事故发生时，保险公司按照合同赔偿被保险人的损失或者给付被保险人或受益人保险金，这就是保险公司的责任。保险涉及千家万户的利益，关系到无数家庭的幸福以及社会的稳定繁荣，因此，专业以及诚信经营是每个保险从业人员的使命。保险从业人员要通过保险经营，为每一位客户设计适合的保险产品，让他们的生活得到保障，让每一个家庭温暖幸福。每一个家庭生活幸福，社会才能安定，社会安定，经济才会繁荣，国家才能富强。

4.3 培育高质量的保险人才

近年来，随着保险业的快速发展，人才短缺问题已经成为制约保险业持续发展的瓶颈。为适应日趋激烈的市场竞争，保险公司应以“术德兼修”作为选择和培养保险人才的标准。“术”是人才的技术背景，重点考察其是否能够在短时间内给公司带来经营绩效；“德”是人才应具有爱心、责任和使命感。“术德兼修”是现代保险人应具备的品质，是对现代保险人的要求。只有培养出“术德兼修”的人才，并形成正确的保险文化理念，保险公司才能真正实现健康地成长，中国的保险事业才能真正实现可持续发展。

4.4 鼓励保险文化创新

鼓励保险文化创新，是我国保险文化建设中非常重要的一个部分。首先，公司的领导者应从根本上认识到保险文化创新的重要性，不能只浮于表面，想起来的时候强调一下，而是要长期坚持创新；其次，应在公司内部建立一个良好的文化创新氛围，可以定期举行一些文化创新评选活动，宣传学习一些优秀的文化创新理念；最后，在年终考评中，可以适当加入一些文化创新的考评要求，不要只单纯进行业绩考评。只有这样，才能真正地进行保险文化创新，才能促进保险文化的进一步繁荣。

参考文献

［1］张洪涛．发展保险事业　构建和谐社会：深度开放下的中外保险文化对接［M］．北京：中国人民大学出版社，2005：200－204.

［2］陈坤艺．试论我国保险企业文化建设重点及思考［J］．经济师，2016（3）:279.

俄罗斯银行制度在经济转轨初期的演进研究

石　玥

（吉林省金融文化研究中心，吉林长春，130028；
长春金融高等专科学校金融学院，吉林长春，130028）

摘　　要：随着俄罗斯联邦（简称俄罗斯）成立，俄罗斯的经济制度开始从高度集中的计划经济向市场经济转轨，其银行制度也经历了转轨中的重新构建。经济转轨初期，即1992—1998年金融危机前，俄罗斯银行经历了从苏联严格管控、国家计划的银行制度到二级银行体系的演进过程。俄罗斯联邦政府通过法律手段确立并不断完善以中央银行为核心、以商业银行为支撑的银行体系。中央银行与商业银行皆有其职能、特征及经营业务范围。而由于处于转轨初期，中央银行的管控效果时常受到限制，商业银行制度体系中仍然存在一些问题。

关 键 词：俄罗斯　银行制度　经济转轨

收稿日期：2016-11-07

基金项目：吉林省金融文化研究中心基地项目（2016JZ002）

作者简介：石玥（1986—），女，黑龙江哈尔滨人，长春金融高等专科学校金融学院助教，经济学硕士。

俄罗斯在1992年年初实行“休克疗法”，从高度集中的计划经济向市场经济变革，进行经济制度转轨，微观方面包含产权制度、价格形成机制、企业运营制度以及对外经济贸易体制转轨，宏观方面包括财政体制、金融制度、分配及社会保障制度等的转轨。俄罗斯银行制度改革是经济转轨的重要组成，是俄罗斯经济转轨中发展最为迅速的环节。

1 银行制度改革的原因与进程

1.1 经济转轨前苏联银行制度的特征及改革的原因

苏联银行制度的改革是由两个阶段构成的。1930—1932年信贷改革的结果是建立了资金配给型的信贷体系。商业银行的作用下降，并形成国家对银行体系的高度垄断。苏联银行体系由四大银行组成，即苏联国家银行、全苏基建投资银行、苏联国家劳动储金局和苏联对外贸易银行。根据《苏联国家银行章程》，苏联国家银行既行使中央银行的职能，又行使商业银行的职能。

1965年，经济体制改革后，银行体制的改组并不彻底，没有改变以国家计划为基础的局面。从银行业务规模来看，20世纪70年代末苏联国家银行的资产规模虽已超过世界上最大的七家商业银行，但直到1990年12月颁布《苏联国家银行法》和《银行及银行活动法》后，苏联才有了国家银行法。从银行与企业的关系来看，银行对企业无法形成预算硬约束；从银行与财政的关系来看，银行仍是财政的出纳机关；从国民收入的分配格局来看，社会收入大部分通过财政预算集中分配，银行体系所支配的资源很少；集中的指令性计划管理削弱了信贷体系的基础，这种“大财政、小银行”的体制使银行失去了商业特征，变成核算和按限额分配贷款的中心。

1.2 银行制度改革的进程

随着信贷结构的持续恶化，20世纪80年代末期，戈尔巴乔夫推行“根本改革经济管理体制”，向市场经济迈进，以银行制度改革为核心的金融制度改

革进入实质性阶段。改革分为两个阶段，第一阶段，1987 年苏联共产党第十九次全联盟会议上强调了改革财政信贷体制以及银行活动的纲领。1988 年 9 月出台了苏联国家银行史上第四个章程——新的国家银行章程。它保持了社会主义框架，并且扩大了国家银行的权力，主要包括以下五大方面的内容：一是确立国家银行作为主导的银行和货币发行中心以及苏联信贷结算组织者的核心地位；二是改变单一的国家银行体制，成立 5 家专业银行，分别为苏联对外经济活动银行（外经银行）、苏联工业建设银行、苏联农工银行、苏联城市公用住宅事业和社会发展银行、苏联居民劳动储蓄与信贷银行（储蓄银行）；三是苏联国家银行及其所属机关是统一独立的法人；四是国家银行对银行活动的调节主要采用经济方式，如再贷款和适当调节利率，适当运用行政方式；五是国家银行在银行体系中行使监督职能。

在这一阶段，成立专业银行没有解决银行的国家垄断问题，各专业银行的信贷计划仍然是政府划分的，中央银行对专业银行的领导仍然受制于政府。但在这一阶段，通过《国有企业法》《合作企业法》的颁布，开始允许股份制和合作制商业银行的建立，打破了银行领域管理的集中化，银行体系呈现多样化特征；金融市场也随着新银行体系的建立，开始出现各种机构，如交易所、中介机构、合资企业等。

第二阶段从相关法律的颁布开始。1990 年 12 月颁布了《苏联国家银行法》和《银行及银行活动法》，此外还有《俄罗斯联邦中央银行法》和《俄罗斯联邦银行及银行活动法》。法律规定了中央银行拥有国家银行、货币发行银行和银行的银行的职能，所有专业银行必须改建成股份制商业银行；规定了法定资本最低限、清偿能力、法定储备最低限等指标；规定银行的成立不受所有制形式限制，即允许私人进入银行业。银行被宣布是独立的法人，独立法人机构的确认使银行体系摆脱了从属于财政的局面。这些法律的出台标志着专业银行历史的终结，对发展商业银行和建立二级银行体制起到了重要作用。专业银行都变成了商业银行，如苏联工业建设银行成了最大的综合性商业银行，由 40 家大型分行和许多小分支行组成。1992 年 1 月，废除了苏联国家劳动储金局后，将其分支改造成为俄罗斯储蓄银行，由 2100 家大型分行和 41000 家小型分行组成。

这一阶段，银行体系进一步分散化，1989 年有 43 家商业银行，到 1990 年年初达到 224 家，1991 年年初已有 1357 家，其分支机构有 2293 家。同时，银行体系非国有化的进程持续推进，开始出售国有银行中的国家股份，银行股权也进一步分散化。至1991年苏联解体时，已形成以中央银行为主导、以多种所有制结构的商业银行体系为支撑的二级银行体制的雏形。

2 经济转轨初期俄罗斯中央银行制度的重建

1991年12月26日苏联解体，俄罗斯银行成为俄罗斯的中央银行，直属于国家杜马领导，实行国家所有制。俄罗斯银行主席和经理理事会是中央银行的最高权力和决策机构，俄罗斯银行主席任期5年。中央银行实行三级管理制度：最高级是经理理事会和银行中心机构，第二级是80多个处在大城市的分行及主要管理机关，最下级是管理机关分支机构的结算中心。俄罗斯银行法规定中央银行及其地区性管理机关是统一的法人，即实行一级法人制。

2.1 俄罗斯中央银行的职能、实现手段及其效果

根据《俄罗斯联邦中央银行法》，中央银行的职能是同政府制定和实施货币信贷政策，维护币值稳定；发行货币并组织货币流通；作为“银行的银行”行使最后贷款人权利，组织银行间结算；代理政府财政收支，行使发行、偿还及经营政府有价证券的职能；等等。

（1）贴现率调节的有效性缩水。

在经济转轨中，俄罗斯中央银行通过调节对商业银行贷款的贴现率来实行扩张或紧缩性的货币政策，由于频繁使用，贴现率出现大幅波动。如1991—1995年，年贴现率多次在10%～200%变动。其有效性受到限制，一方面，较大的波动幅度使微观经济主体无法做出合理预期；另一方面，商业银行存贷款利率与贴现率未见得同步。

（2）公开市场业务脱离实体经济。

1992年8月，中央银行首次在金融市场上从事国债交易。政府在有价证券市场从事交易的目的，第一是保证预算性赤字的债务性融资需要，第二是调节货币流通。商业银行为了保持其充足的流动性，是买卖国债的主要参与者。而事实上当赤字扩大时，政府会提高国债收益率吸引商业银行购买，而商业银行也倾向于规避实体经济风险的业务，由此出现了资金脱离实体经济，在政府与商业银行间循环流动的现象。这再次削弱了货币政策的调节作用。

（3）再贷款管理是调节货币供应量的主要手段。

俄罗斯中央银行的再贷款管理包括信贷拍卖、质押贷款及再贴现贷款。1992 年中央银行发放了 2.8 万亿卢布的再贷款，占中央银行提供全部贷款的 90% 以上。

信贷拍卖是再贷款的主要方式，要遵循中央银行对其数额的限定。1995 年 10 月，仅在莫斯科就进行了 21 次信贷拍卖，总规模达 500 亿卢布。由于其采用竞价成交的方式，所以利率较能体现市场的资金供求。

以动产券为抵押的质押贷款形式，商业银行只能获得相当于质押证券市场价值 75% 的贷款，中央银行会跟踪抵押证券的市场价值，进而要求商业银行追加或减少质押的数量或品种。

再贴现贷款以票据为基础，依托发达的市场以及规范的信用制度。由于 1992 年实行再贴现手段时的商业信用履约率较低，企业拖欠贷款现象严重，使得再贴现无法大规模开展。

（4）法定存款准备金制度无法发挥作用。

法定存款准备金是俄罗斯的高频使用手段。在恶性通货膨胀时，调高法定存款准备金率，控制信贷规模，易导致银行与企业的支付能力不足，进而影响实体经济，加剧经济衰退；而中央银行为了缓解危机，降低法定存款准备金率，这与货币政策的目标相违，同样加剧经济不稳定，造成恶性循环。

以上职能及实现手段的转变本身是市场经济特征的体现，但是运行及实施的效果更多取决于金融运行环境与宏微观基础。“休克疗法”的后遗症使俄罗斯中央银行的职能不能有效发挥作用，削弱了政府对经济的控制力。

2.2　俄罗斯中央银行对商业银行的监管手段及其效果

与其他国家的中央银行一样，对银行体系进行监管也是俄罗斯中央银行的重要职能，相关法律也对监管手段及内容进行了规范。1995 年颁布的《俄罗斯联邦中央银行法》指明了中央银行在信贷活动中的调节与监督作用。2002 年颁布的《俄罗斯联邦中央银行法》规定由常设机构银行监督委员会执行监督职能。《信贷组织破产法》《信贷组织重组法》《反洗钱法》等也对银行体系起到重要的指导与监督作用。俄罗斯中央银行的监管基本目标是：维持银行体系的稳定性，维护存贷款人的利益。

（1）建立银行监督委员会。

在俄罗斯经济转轨的前期，监管不够完善，加之经济状况对商业银行的经

营影响颇大，致使有些商业银行出现亏损等情况。因此中央银行在1996年之后对准入数量加以限制，信贷组织的数量从1996年的2295家下降到1997年5月的1887家，降幅达18%。1996年12月成立的银行监督委员会，成为联系商业银行、中央下属机关及国家政权机关之间的桥梁。

（2）中央银行改革商业银行提取呆账准备金制度。

俄罗斯1995年的消费品价格涨幅为131%，但是1996年之后得到控制，只有21.8%，增幅下降约83%，1997年又进一步降低，但是商业银行的贷款利率没有同幅度下降。如1995年年底的贷款利率为225%，而1996年年底3个月贷款年名义利率为70%，下降了69%。提高贷款名义利率是商业银行考虑到实体经济滑坡的不利因素而做出的信用风险补偿。事实上，1997年4月没有按期归还的贷款约占7个百分点。中央银行改革了提取呆账准备金制度，按照贷款的风险程度提取损失准备，旨在降低信用风险。

（3）俄罗斯中央银行监管受限的原因。

俄罗斯中央银行对商业银行的监管效率不高，主要原因有以下三个方面。首先，俄罗斯经济转轨的初期，没有为实体经济提供良好的制度运行基础，无法保证监管措施的准确落实。其次，较为分散的监管体系（中央银行最高级的中心机构只负责制定监管制度和方法，但是具体的监管工作由第二级地区机构完成）使监管的公平性和准确性受到影响。最后，监管人才的缺失也是监管水平受限的现实因素。

3 经济转轨初期俄罗斯的商业银行体系

3.1 俄罗斯商业银行体系的建立及其特征

（1）商业银行体系的建立。

根据《俄罗斯联邦银行及银行活动法》的规定，所有银行都必须改建成股份制商业银行，且所有制形式不限，于是出现了国家所有制、部门所有制、股份制银行和外资银行。

国有银行包括中央银行控股、联邦和地方政府控股以及国有企业控股的银行，如苏联时期延续下来的储蓄银行、外贸银行和外经银行。还有一些银行是原部委创立的，如石油化学银行、通讯银行、渔业银行、航空银行等，国家是它们最大的股东。国有银行的资产占银行系统全部资产的30%多，其中储蓄

银行独占鳌头。转轨中的俄罗斯银行体系中最普遍的银行所有制形式是股份制商业银行。以封闭式有限责任股份公司形式存在的商业银行，其最低法定资本为 500 万卢布；采取开放式股份公司形式的商业银行，其法定资本最低底线为 2500 万卢布。后来这两项指标不断上调，1998 年 7 月分别调整为 125 万欧洲和 500 万欧洲货币单位。转轨中的俄罗斯还对外开放了银行业的大门，外资银行业务别无二致，但是规模被限制在不得超过俄罗斯银行业总资本的 12%。1998 年金融危机后，放宽限制，银行业外资总资本占比超过 25%。

俄罗斯商业银行的数量逐年增加，从 1989 年的 43 家，增加到 1995 年的 2486 家，分支机构 5460 家。储蓄银行的网点多至 3 万余家。商业银行的业务从 1994 年开始走向综合化经营的方向，除了存、贷、汇业务以外，还可从事债券、股票发行、经纪业务以及外汇和贵金属业务。1998 年，1598 家银行中有 262 家拥有可经营各类金融业务的总许可证。

（2）商业银行体系的特征。

转轨初期俄罗斯商业银行体系的特征包括：①所有制结构多样化，数量剧增；②地区分布不均匀，集中在大城市周边；③鼓励外资，引入国际金融市场资金投资本国银行业；④经营业务不断扩大，综合化经营趋势日益明显。

3.2 转轨初期俄罗斯商业银行体系存在的问题

转轨初期俄罗斯商业银行体系中存在以下一些问题。

一是银行体系的资产规模较小，且对实体经济的贷款投资占比较小。这是由于投资政府债券拥有更高的收益率，如 1996 年贷款利率为 60%，但是国家短期债券的年收益率为 100%。实体经济投资的减少还受到贷款风险高、逾期拖欠、债务人偿债水平低等因素的影响。

二是银行体系对国家有价证券业务的依赖。转轨中的俄罗斯银行拥有大量卢布和外汇形式的国家有价证券，1998 年年初，大型银行的总资产中国家有价证券占比高于 10%，有的占比超过 25%。储蓄银行拥有 60% 以上的国家有价证券市场份额。

三是银行体系有集中趋势。从商业银行规模来看，新兴的银行规模较小，半数以上的居民存贷款集中在 30 家较大的银行中，银行资本分布也集中在它们手中。

总体上说，1991 年的系列改革为银行制度重建奠定了基础，1992 年开始的“休克疗法”，为俄罗斯金融制度体系开启了新的篇章。俄罗斯中央银行制度的明确建立及逐步完善、二级银行体制的建立改变了国家银行集中管理信贷资金的体制以及专业银行的经营体制，建立了多种所有制形式的商业银行。1998 年金融危机前的俄罗斯银行制度仍然处于重建过程中。不可否认，这期间经济转轨中银行制度的重建，起到了承上启下的作用。

参考文献

［1］王帅．苏联金融制度演进过程综述［J］．长春金融高等专科学校学报，2016（2），63.

［2］徐向梅．俄罗斯银行制度转轨研究［M］．北京：中国金融出版社，2005.

［3］白钦先，刘刚，郭翠荣．各国金融体制比较［M］．2 版．北京：中国金融出版社，2008：122－123.

［4］庄毓敏．经济转轨中的金融改革问题［M］．北京：中国人民大学出版社，2001：56－59.

［5］刘雪松．俄罗斯银行体制改革分析与启示［D］．北京：对外经济贸易大学，2003.

论日本近代金融体系的建立

刘 静

（吉林省金融文化研究中心，吉林长春，130028；

长春金融高等专科学校金融学院，吉林长春，130028）

摘　　要： 日本明治政府为了解决置产兴业的资金供给问题，从成立之初就着手建立近代金融体系，先后成立了国立银行、横滨正金银行以及日本银行。这些银行为维护当时日本的金融稳定以及促进经济的发展，起到了巨大的推动作用，使日本从一个濒临殖民地险境的落后国家逐渐发展成为一个近代工业强国。

关 键 词： 金融体系　国立银行　横滨正金银行　日本银行

收稿日期： 2015 - 07 - 15

基金项目： 吉林省金融文化研究中心基地课题（2014JD001）

作者简介： 刘静（1981—），女，山东济宁人，长春金融高等专科学校金融学院讲师，经济学硕士，研究方向：政治经济学。

明治时代以前，日本的金融机构只有类似于中国钱庄性质的“汇兑组”，是隶属政府的御用金融机构，由富商独资经营。他们经营兑换、买卖金银、存放款等业务。这些汇兑组随着幕府的垮台而瓦解。明治维新后，明治政府确立了“富国强兵，置产兴业”的目标，推行资本主义工业化的国策。但日本走上资本主义道路的时间比较晚，由于原始积累比较薄弱，为了解决置产兴业的资金供给问题，明治政府一成立就开始着手建立近代金融货币体系，先后成立了国立银行、横滨正金银行以及日本银行。这些银行在维护当时日本的金融稳定以及促进经济发展等方面，都发挥了巨大的作用。

1　国立银行的设立与发展

刚成立不久的明治政府，为促进经济发展，1868 年（明治元年）4 月在京都设立负责借贷资金业务、鼓励经商的商法司。为促进商业快速发展，商法司经营放款和发行金钞的业务。商法司发行的金钞价格下跌，遭到外国的反对，第二年商法司被通商司所取代。在通商司的指导下，设立了通商公司和汇兑公司。通商公司的主要任务是振兴商业经营，汇兑公司主要为通商公司提供融资，同时便利民间金融活动。汇兑公司的主要业务是经营存放款、发行银行券、兑换钱钞、办理汇兑等，是拥有纸币发行特权并且具有银行性质的金融机构。这些汇兑公司在弥补政府贷款不足、促进日本经济制度资本主义化方面发挥了很大的作用。但由于各汇兑公司币制不统一，再加上内部经营管理出现了问题，8 家汇兑公司中有 7 家相继解散。

1.1　国立银行的设立

明治时代初期，国家面临财政困境，为了弥补资金不足，明治政府滥发不兑换纸币，造成了严重的通货膨胀，给人民生活和对外贸易造成了严重损害，引起了人民的强烈不满。于是，明治政府决定“设立巩固的银行来疏通金融，繁荣置产贸易”。

明治政府采纳伊藤博文的建议，决定仿照美国设立国家银行的做法，设立日本国立银行。1872 年，明治政府制定了《国立银行条例》，条例规定国立银行拥有货币发行权，但并非国营银行。制定该条例时，日本官员们的银行知识都极为缺乏，所以在依照美国银行制度的同时，还大力引入了英国的银行经营管理办法。在西方先进的银行制度和经营管理办法的指引下，日本国立银行成立并发展起来了。

1.2 国立银行的发展

从 1873 年起，日本国立银行逐步发展起来，相继成立了 4 家国立银行。但这时又出现了新问题，国立银行发行的银行券可兑换金银，银行券面值比金银价值低，所以人们竞相兑换金银，使银行券无法在市面上流通。随后又出现了世界性银价下跌的情况，日本黄金大量外流，所以国立银行不得不控制银行券的发行量，国立银行的营业陷入了困境。

1876 年 8 月，明治政府为了摆脱这种局面，修改《国立银行条例》。修改后的条例允许华族和士族用金钱俸禄公债作为资本开设银行，从而为银行的设立开辟了更广的资本财源。新条例颁布后，国立银行逐渐恢复并快速发展起来。截至 1879 年年末，日本国立银行达 153 家，实缴资本 4061 万日元，银行券流通量达 3404 万日元。国立银行为促进日本经济的发展发挥了很大的作用，为日本的工业化发展奠定了一定的基础。

2 横滨正金银行的设立与发展

2.1 横滨正金银行的设立

日本政府为了防止金银外流，平抑银价，考虑设立一家贸易银行。贸易银行由丰桥藩士出身的中村道太和早矢仕有等 23 人筹集资金发起成立。成立该贸易银行的主要目的是以存款吸收分散于民间的金银币，供给市场流通，调节金银币供求，疏通金融。最后决定将银行设在横滨，取名为“正金银行”。取名“正金银行”的立意是，该行是专门供给金银币、促进贸易的银行。

1880 年（明治十三年）2 月 28 日，横滨正金银行正式开业。正金银行创立资本为 300 万日元，每股 100 元共 3 万股。在募集资本时，发起人以正金银行“特别希望得到政府保护和监督，以博取内外信用”为由，向大藏省提出申请，要求政府入资正金银行资本的1/3，即100万日元，要求大藏省选派管理官监督政府资本的使用和银行一般业务。由于正金银行是政府为实现一定的经济政策目标而设立的，因此申请得到了大藏省的支持。政府资本在该行分红时，当年股息为6%（含）以下时，同一般股份同等分红；当年股息超过6%时，超过部分转入公积金。另外，日本政府对正金银行派出管理官进行监督。因此，横滨正金银行一成立就具有半官半民的性质。

2.2 横滨正金银行的发展

正金银行成立后，金融市场发生了很大变化，银价回落，日本商人对纸币的需求量增长，这就迫使正金银行及时调整营业政策。1880年5月，正金银行向大藏省申请50万日元纸币贷款，政府批准将50万日元存入正金银行。正金银行以此资金贷给日本出口商，从此开始了出口贷款、国外汇兑业务，全行的经营方向朝着以国际汇兑为中心的国际贸易金融转换。

这个时期是日本工业化的起步时期，日本大量引进西欧先进的工业设备和技术，对外支付量很大，但政府掌握的外汇收入有限，大大影响了对外支付能力。因此，发展日本直接对外贸易、增加外汇收入，成为日本政府经济政策所追求的目标。正金银行的国际贸易金融业务是政府促进奖励日本直接出口的重要手段。到1880年8月，由于日本出口商向正金银行提出对美国直接出口生丝、茶叶提供押汇贷款申请的很多，于是，正金银行向政府提出国外汇兑资金贷款申请，开展押汇业务。经太政大臣批准，政府从国库存款准备金中拨出300万日元纸币存入正金银行，正金银行运用此资金开始了“御用国外押汇”业务。开展“御用国外押汇”业务的目的是奖励日本商人直接出口，直接从海外获取外汇，获取的外汇供日本政府用于海外支付。1880年6月末到12月末的半年时间，正金银行的海外押汇贷款从零迅速上升至96万日元，到1881年6月末增长至121万日元，占资金运用的17.8%。这显示了正金银行在经营方针上向以国外汇兑为中心迅速转变。

2.3 横滨正金银行成为特殊银行

由于享受日本政府的优惠政策，正金银行不仅以皇室存款充作外汇基金，并由日本银行多次提供巨额低息贷款，从而使业务不断扩展，海外分支机构也不断增多。除美国的纽约、英国的伦敦、法国的巴黎、德国的柏林以外，在中国的上海等主要港口和大中城市，都设有它的营业机构。从1893年在中国设

立第一个正金上海办事处起，至1945年日本宣布无条件投降止，相继在香港、天津、北京、大连、沈阳、长春等地，设立分支机构达34处之多。

3 日本银行的设立与发展

3.1 日本银行的设立

日本银行是日本的中央银行，于1882年10月10日开业，资本为1000万日元，其中一半由政府出资。日本银行的成立对日本金融体系的发展意义重大，标志着日本以中央银行为核心的近代银行体系和信用制度的确立，在日本金融史上具有划时代的意义。日本银行成立后，就开始逐步行使自己的中央银行职权，如控制货币发行权、整合金融资源以及对金融体系进行监管等。

3.2 日本银行的发展

日本银行是一家股份制银行，政府与私人金融家各自持有相应的股份，三井家族作为主要发起股东，派出代表进入中央银行董事会参与决策。日本银行作为日本的中央银行，逐渐收回了153家国立银行的货币发行权，成为日本唯一一家拥有法定货币发行权的银行，完全控制了日本金融的战略制高点。

日本银行成立后，日本的金融环境有了很大的改善。短短几年时间，日本各类金融机构的数量已增至数千家，金融网络遍及城市和农村，日本最早的6大外国银行除汇丰银行勉强支撑外，其余5家全部退出了日本的金融市场，日本基本掌握了本国的金融体系。另外，由于整个银行系统极力扩张信贷业务，大量资金流入日本的工业体系，在很大程度上促进了本国实体经济的发展，使日本一步步向工业化国家迈进。

3.3 日本银行与横滨正金银行的密切合作

日本银行建立后，正金银行与日本银行展开密切合作。日本银行主要负责国内的金融事务，正金银行主要负责对外的金融事务。对国内事务正金银行尽力辅助日本银行，对国外事务日本银行倾力赞助正金银行，内外相助相辅，为国家谋取经济利润，促进本国经济的发展。1889年9月，正金银行同日本银行缔结契约，日本银行对正金银行的进出口汇兑提供年利息2%的1000万日元额度再贴现，为正金银行进军全球金融市场提供了强有力的支持。

反过来，正金银行为日本银行源源不断地提供着金银币储备，帮助日本银行建立牢固的货币信用。日本银行成立后，正金银行通过“御用国外押汇”业务从海外吸收金银，就有了为中央银行钞票积累金银准备的职能。自开办“御用国外押汇”业务以来，正金银行办理的国外汇兑额急剧增长，1881 年为 685 万日元，1886 年达 4966 万日元，增长 7.2 倍。正金银行通过“御用国外押汇”获取的金银到 1885 年年底达到 4226 万日元，几乎相当于当时政府纸币流通额的一半。由于政府金银储备充裕，纸币价格回升，1884 年日本银行发行可兑换银行券，1885 年 1 月宣布用日本银行兑换券将纸币收回，收回后的纸币立即销毁。至此，自明治维新以来日益严重的币制紊乱、通货膨胀危机，终于得到控制。到 1890 年前后，日本的纸币终于恢复到与银币相同的价格水平。这样，过量发行的纸币被完全不贬值地恢复了信用，通货膨胀问题彻底解决。

参考文献

［1］郭予庆．近代日本银行在华金融活动——横滨正金银行（1894—1919）［M］．北京：人民出版社，2007.

［2］傅文龄．日本横滨正金银行在华活动史料［M］．北京：中国金融出版社，1992.

［3］鹿野嘉昭．日本的金融制度［M］．北京：中国金融出版社，2003.

构建农信社人本企业文化之我见

贾　荣

（新疆维吾尔自治区农村信用社联合社信贷部，
新疆乌鲁木齐，830001）

摘　　要： 企业文化是企业的灵魂，对企业的经营发展有战略性的指导意义，是推动企业发展的不竭动力。随着金融改革的不断深化，地处祖国边陲的新疆农村信用社联合社（简称农信社）将进入一个新的发展时期，但其在人本文化及制度建设中还存在诸多限制企业发展的问题，如从业人员素质偏低、企业培训及激励机制不完善、企业文化建设处于低层次阶段。因此，用合理有效的方式构建农信社人本企业文化，对实现员工素质和管理能力的双重提升具有重要意义。

关 键 词： 企业文化　人本管理　金融改革　价值观

收稿日期： 2017－04－17

作者简介： 贾荣（1970—），女，新疆乌鲁木齐市人，新疆维吾尔自治区农村信用社联合社信贷部副总经理。

企业文化是指企业在市场经济实践中逐步形成的为全体员工所认同并遵守、具有本企业鲜明个性的价值观念，从宏观上来说是经济文化、组织文化、管理文化的综合体，从微观上细分包含多方面的内容，如经营准则、行为作风、企业精神、道德规范及发展目标。

1 人本企业文化的作用

当今世界，科学技术日新月异，国际竞争日趋激烈，全球一体化进程越来越快。市场经济和外部环境要求现代管理者除了要具备相当的专业背景和知识技能外，还必须清楚地认识到，经济和文化一体化的企业文化对企业可持续健康发展具有重大的现实意义。随着市场经济的不断深入发展，企业之间的竞争愈演愈烈，其核心是企业文化的竞争。企业文化中的人本文化作为企业声誉、品牌形象、社会价值的载体，在激烈的市场竞争中显得尤为重要。人本文化不仅能促进企业导向、规范、价值和合力的形成，更重要的是能够促进企业管理水平、经营业绩的提升，助推企业永续发展。百年老店，成在文化，败也在文化。以“人”为中心，实行人本管理，是企业文化建设的核心，而企业文化是意识形态的表现，须提倡以人为本。因此，建立并形成先进的人本文化是企业生存的基础、行为的准则、前进的动力、成功的法宝和时代的要求。塑造良好的人本文化，以人的因素来引领和推动制度、技术和管理创新，已成为企业可持续发展的基础。

2 构建人本企业文化的重要性

随着金融体制改革的不断深入，新疆农信社将进入一个新的发展阶段，为了适应改革的要求，并在改革中发展壮大，农信社必须构建既能反映时代特征，又能代表追求和努力方向的企业形象和人本文化；必须认识到个性鲜明的

人本文化的重要性，并通过建立先进的人本文化打造先进的企业文化。

2.1 以人为本是企业文化的本质特征

人是第一生产力，人的因素是最重要的因素。人的因素抓好了，经营管理问题就会迎刃而解，所以加强以员工为本的管理，树立良好的员工形象是企业价值观的根本所在。树立良好的员工形象，具体来说，就是员工素质合乎农信社发展需要，员工具有较强的政治道德和文化技能素养。

2.2 以人为本是企业文化建设的核心

打造现代化企业的过程就是培养现代化员工队伍的过程。人本管理的核心就是将员工队伍打造成具有较高的思想道德素质、科学文化素养、业务技术技能，以及与企业同风险、共命运、齐应对心理素质的团队。总而言之，构建人本文化的核心就是把员工的思想统一起来，通过企业文化激励员工增强进取心、事业心和向心力，打造一支富有凝聚力、号召力、战斗力的团队，在保证企业基业长青的基础上，达到个人、企业、社会多赢的和谐局面。

2.3 以人为本是塑造典型示范的有力推手

任何一种价值观、一种精神，都是无形的，如何使员工从无形中感到有形，从抽象中把握具体，是建设企业文化、培育人本精神的一个重要问题。而只有解决好这个问题，员工才能把握企业价值观的内容，认识企业的精神实质，明确自己的努力方向。在打造现代化企业的过程中，要使企业价值观形象化和具体化，除需领导者示范带动外，还需树立能充分表现企业价值观的模范人物，用榜样的力量去感染和带动整个员工队伍。俗话说“拔高一盏灯，照亮一大片”“举起一面旗，唤起千千万”，利用先进模范的示范带动作用，不仅可为员工树立可仿效的榜样，也可为企业提供行为标准。

3 农信社人本管理中存在的问题及其原因

新疆农信社地处祖国边陲，近年来各项业务得以长足发展，但由于历史原因以及区域之间发展的不平衡，人本文化及制度建设还存在许多突出的问题。随着市场竞争的日益加剧，农信社人力资源需求愈加迫切，对员工素质和能力的要求也越来越高。农信社人本管理的突出矛盾主要是日新月异的内外部需求与现有人力资源业务能力、知识水平不相适应的矛盾。其主要表现在：人本文化建设尚处于低层次阶段；员工队伍素质参差不齐且创新能力不足；员工保持乐观、主动、敬业的动力不足；等等。其原因主要有以下几方面。

3.1 未建立完善的人才培训机制

现阶段，农信社人才选拔和考核的标准一般是重考试、轻培训，重知识、轻技能，这种机制很难培养出动手能力强、业务知识面广的专业人才。而“师傅带徒弟”这种先天不规范的人才培养方式，就决定了无法大量复制优秀人才，因此，在管理模式、业务流程及市场开发不断创新的今天，无法满足银行发展的需要。

3.2 未建立完善的人本管理规划机制

近年来，金融改革力度持续加大，农信社在人力资源管理中缺乏人力资源队伍总体规划，致使员工结构出现断层、年龄结构普遍老化、业务骨干十分匮乏，员工的业务技能和素质难以适应新业务和新形势的要求。

3.3 未建立健全人本管理激励机制

正向激励机制及措施不健全，致使员工价值取向不明确，很难主动将自己融入企业文化和企业价值中去。考核激励机制不完善，员工做得好得不到激励，做错了得不到惩戒，造成员工学习动力、创新精神及发展后劲明显不足，主观能动性无法得到有效发挥。

3.4 未建立完善的人本管理目标导向

点多面广的农信社在人本管理的探索和实践中，有很多基层单位探索出了一些成功的经验和做法。但由于缺乏系统化的总结和复制，成功的经验和做法无法得到有效的借鉴、推广和使用，致使“榜样”的概念模糊，人本管理建设的导向和目标不明确。

4 构建以人为本的企业文化之建议

企业文化建设的本质意义是为企业打造一整套完整有效的运作体系，并随着企业的成长而成长。所以，与企业文化相适应的人本制度和人本文化也应该是动态的，需要随着企业内外部环境的变化而有所变化，其目的是适应环境变化，调控企业行为。

4.1 倡导人本管理的价值取向

关爱出人才，大爱出大才。倡导以业绩为取向的人才价值观即可培养适用、有为的人才。在一个企业或组织中，如果说管理层是企业文化的领路人，那么员工就是企业文化的缔造者，所以人本管理的核心就是采用灵活多样的形式让员工认同企业的价值观，让员工怀有乐观的心态，树立敬业精神，主动与企业目标和价值观配合，推动企业社会目标和经济效益的实现。关注员工、培养员工，给员工提供施展才华的广阔舞台，才能造就一支符合时代需求的懂管理、会经营、能创新的人才队伍。企业应结合工作目标明确员工收入、晋升发展目标，使员工得到更广阔的发展前景、更明确的正向激励，在注重企业效益的同时，更关注员工未来发展愿景的规划，才能创造社会、企业、员工多赢的局面。

4.2 营造人本管理的学习氛围

“不积跬步，无以至千里。”知识的积累源于学习，创新力的增强始于学习，应变能力在于学习，环境的适应得益于学习。农信社在人本管理中要营造重视学习、善于学习的浓厚氛围。随着知识经济时代的到来，农信社为实现“打造最具影响力的普惠银行”的经营目标，提出了发挥员工的主观能动性，提高其业务技能，提升其综合素质，实现从线性思维向系统思维及创造性思维的转变。在新经济环境下，学习型组织的打造在企业文化建设中备受重视，学习的内容也更加丰富和多元。其内容包括四方面。

一是树立新观念，包括树立道德观念、法制观念、市场竞争观念、创新观念和成本效益观念等。其中，法制观念是建立现代企业制度、促进企业健康发展的保障。法制观念和道德观念相互关联、互为补充，正确的道德观念和价值取向有助于员工提高与企业同甘共苦、同舟共济的意识。

二是培养新精神。企业精神是企业生存和发展的精神支柱和力量源泉，是企业在长期的经营管理实践中不断培育的目标、信念、理想和追求。要根据环境的变化，特别注重培育员工的新精神，如创新开拓、求真务实、民主参与、团结奉献等，把企业的经营理念转化为员工的理想信念、价值追求和前进动力，以增强农信社在市场经济中搏击风浪的能力。

三是完善新规范。要根据法律、法规和监管要求，建立健全制度和规则，进一步约束企业和个人的行为，以确保企业组织、指挥、协调、控制等方面正常运行。

四是塑造新形象。良好的企业形象能得到社会公众的认同和信赖。在企业的人本文化建设方面，要努力在内增员工凝聚力、外树企业知名度上下功夫。要通过一整套企业识别系统的设计与实施、员工举止行为的示范和约束，向社会公众展示企业的个性特征和良好的员工形象。

4.3 创造人本管理价值发掘的内部环境

在一个企业内，当员工意识到自己的价值受到重视时，主观能动性一般会得到最大限度的激发。给员工尤其是优秀员工提供培训学习、激励晋升的机会和渠道，不断提升员工的价值感、存在感及忠诚度是人本管理的核心。企业要给员工提供学习的平台，促使员工不断丰富知识、拓宽视野、增长才干；要给员工搭建实现价值的舞台，鼓励员工增强信心和勇气，把握机会，展示才华；要给员工创造实现目标的机会，对那些想干事、能干事的员工给予宽容、帮助和支持，以期在提高企业效益的同时使员工最大限度地获得自我价值的实现。

4.4 完善人本管理的沟通交流机制

一个企业如同一个家庭，企业内的部门和员工就如同家庭中的一个个成员。一个企业要团结和睦、同舟共济，内部成员就必须有共同的价值观、向心力，能够相互包容、相互理解、相互支持，形成心往一处想、力往一处使的合力。常言道“流水不腐，户枢不蠹”，合力的形成就需要企业内部建立一种“流动”的人本文化，通过建立健全沟通、交流及信息共享渠道和机制，员工之间相互学习、互通有无，增进理解、明确目标，形成一种坚不可摧的凝聚力。

4.5 建立人本管理的创新机制

能胜任本职工作的员工是优秀的员工，能开拓创新的员工是优秀的人才。在信息化的背景下，创新的作用不断提升，并升华成一种社会主题。在全球化和信息化时代，创新是企业文化的精髓，是企业不断进步的动力，而创新的实现，往往来自少数成功者的引领和坚持。这些成功者大多是具有敏锐嗅觉、能突破传统屏障、敢于进取的开拓之人，是激活企业创新活力的源泉。因此，企业要建立人本管理的创新机制，给那些敢于创新的引领者创造创新的平台、机会和奖励，以引导并鼓励开拓创新文化的形成。人本管理的创新首先是“观念创新”，有了观念创新，才能引申出工作方面的创新，如制度创新、管理创

新、服务创新、工具创新等。

4.6 完善人本管理的激励考核机制

企业留人，激励为上，员工收入的实现与个人发展的实现二者缺一不可。人本管理的核心之一就是要根据现实情况完善激励的层次、效用和方法，从而对群体和个体实施有效的激励，最大限度地调动员工的积极性和能动性。首先，企业要在内部形成有利于人才增长、人才发展、人才合理分布及人才激励的管理机制，以实现人力资源的公平竞争、价值实现和结构优化。其次，要建立动态管理机制，完善考核评价办法，做到公开、公平、公正，真正实现能者上庸者下。最后，要加大对优秀人才的推介和宣传，通过树立典型和榜样，提升先进思想文化的积聚效应和辐射效应，不断升华企业文化中的人本文化。

总之，人本企业文化建设不是一个新概念，却是一个新课题。加强人本企业文化建设的探索和尝试，对于推进新疆农信社的发展壮大具有重要的现实意义。

参考文献

[1] 刘超举．金融企业文化建设实践与探索［J］．现代商业，2011（33）．

[2] 李兵．论企业文化对企业发展的促进作用［J］．商业时代，2011（3）．

[3] 徐元文．加强文化建设提升企业核心竞争力［N］．中国企业报，2004－06－29．

吉林省保险文化建设研究

韩胜男

（长春金融高等专科学校金融学院，吉林长春，130028）

摘　　要： 保险文化是保险机构和保险从业人员实践创造的物质成果和精神成果的集合。保险文化建设是构建保险行业核心价值的必要之举，对保险行业的发展具有重大意义。近年来，吉林省保监局开展了一系列保险文化建设活动，已取得了一定成就，但也仍存在一些问题。针对当前保险文化建设存在的问题，应发挥监管部门、保险企业、社会团体等多方的联动作用，共同推进保险文化建设，促进吉林省保险行业的健康发展。

关 键 词： 保险文化　保险文化建设　联动作用

收稿日期： 2016 - 07 - 25

基金项目： 吉林省金融文化研究中心科研资助专项课题［JRWH2016（4）］

作者简介： 韩胜男（1989—），女，吉林长春人，长春金融高等专科学校金融学院助教，保险专业硕士。

1 保险文化建设对保险行业的发展具有重大意义

我国的保险业经过30多年的发展，经历了从无到有、从弱到强的过程，取得了令人瞩目的成绩。但与此同时，我国的保险业也面临着核心价值缺失、保险文化的发展落后于保险企业的发展以及保险行业社会地位不高等问题。当前，保险文化的缺失已经严重制约了我国保险业的发展。好的保险文化能够指导保险行业的发展，促进保险企业科学经营和管理，真正发挥保险的社会风险管理职能。只有健全保险企业的文化建设，才能使优秀的文化扎根于企业，才能够使保险企业得到公众的信任和认可。因此，加强保险文化建设对我国保险行业的发展具有重大意义，是构建保险行业核心价值的必要之举。

文化建设是行业之魂、行业之本，是行业生存发展的不竭动力。优秀文化作为保险业发展的软实力，不仅能够提高保险业的综合实力，增强企业竞争力，而且对于树立行业良好形象能够起到一定的促进作用。当前，在国家着力推进文化建设的大背景下，保险业只有紧跟时代的步伐，加强保险业的文化建设，才能实现我国保险业的腾飞。

2 保险文化的特点及保险文化建设的特征

2.1 保险文化的特点

保险文化在长期的发展中逐渐形成了独特的行业文化特点。首先，保险文化具有约束性。保险文化的核心价值、行业准则会以一种无形的力量约束保险从业人员，规范保险从业人员的行为。其次，保险文化具有长期渐进性。保险文化的形成不是一朝一夕的，是伴随着保险行业和保险企业的发展逐步形成的，是全行业共同努力的结果。最后，保险文化具有延续性。优秀的保险文化会带动保险行业的发展，为保险行业的发展注入动力，保险行业的发展也会进一步促进保险文化的进步，形成良性循环。

2.2 保险文化建设的特征

（1）保险文化建设具有社会性。

保险业在我国国民经济的发展中占有非常重要的地位，是企业和个人防范风险的重要保障。保险文化建设不仅要适应保险企业、保险行业的发展特点，更要与社会发展的主流文化相适应，使保险文化建设的发展方向与社会文化建设的大方向保持一致。

（2）保险文化建设具有融合性。

各行各业的发展都存在风险，因而保险业服务的对象具有多样性，多样性的客户群体必然导致保险文化与多种不同文化产生摩擦和冲突，这就要求在建设保险文化过程中不断调整，在差异中寻找共性，不断提高文化间的融合度。

（3）保险文化建设的信用特征。

保险文化建设是一种文化建设，同时也是一种信用建设。当前，我国保险文化建设要不断完善全行业的信用体系，为保险业的发展创造良好的信用环境。

3 吉林省保险文化建设的现状及存在的问题

3.1 吉林省保险文化建设的现状

经过多年的发展，吉林省的保险业取得了巨大进步。吉林保监局积极探索，利用多种渠道开展了形式多样的保险文化建设活动（见表1）。通过开展保险消费者教育、保险信用体系建设、保险业诚信建设、保险公司服务评价、保险公众宣传日等一系列保险文化建设活动，吉林省保险行业的诚信意识、保险业信用环境都有了大幅提高，树立了讲诚信、重服务的行业风尚，形成了社会广泛参与，行业齐头并进的诚信生态。

表1　　吉林省近年来开展的保险文化建设活动

开展活动的时间	活动内容
2010年11月	吉林保险业星级客户服务评比
2012年2月	吉林保监局采取四项措施推进监管文化建设
2012年2月	吉林保监局统筹部署全省保险宣传工作

续 表

开展活动的时间	活动内容
2012 年 4 月	吉林保监局与城市晚报、新文化报、东亚经贸新闻等媒体合作开辟保险宣传专栏
2012 年 7 月	吉林保监局举办保险监管文化展
2013 年 1 月	吉林保监局开展保险消费者教育工作
2013 年 6 月	吉林省保险消费者权益保护中心正式成立
2013 年 11 月	吉林保监局采取四项措施推动保险消费者权益保护中心发挥作用
2014 年 7 月	吉林保监局组织开展全国保险公众宣传日活动
2014 年 7 月	青年志愿者在行动——吉林开展“爱无疆、责任在行保险知识进医院”活动
2014 年 10 月	吉林开展保险知识进学校活动
2015 年 4 月	吉林保监局加强保险消费者权益保护工作
2015 年 5 月	吉林保监局启动保险信用体系建设工作
2015 年 5 月	吉林保监局立足于三项机制提升 12378 热线服务质量
2015 年 7 月	吉林启动“7·8”保险公众宣传日系列活动
2015 年 12 月	吉林保监局大力推进保险业诚信建设
2016 年 5 月	吉林保监局创新开展保险公司服务评价工作

数据来源：中国保险监督管理委员会吉林监管局网站。

3.2 吉林省保险文化建设存在的问题

（1）对保险文化内涵的认识存在误区。

保险文化是保险机构和保险从业人员实践创造的物质成果和精神成果的集合，是行业发展的主心骨、精气神、发动机，由保险企业文化、保险行业文化和保险社会文化三层次构成。当前，有很大一部分保险企业对保险文化内涵的认识不清，有的企业对保险文化的认识仅仅停留在宣传层面，缺乏深层认识，无法发挥保险文化对企业发展的促进作用。认清保险文化的内涵是加强保险文化建设的首要任务。保险企业因为缺乏对保险文化内涵的深层认识，在日常经营管理中无法系统地融入保险文化建设工作，长此以往，会阻碍企业的发展。

（2）管理薄弱，保险文化建设缺乏有效的运行机制。

作为一项持久的工程，保险文化建设不仅需要全行业的共同努力，更需要有效的运行机制做保证。当前，大部分保险企业能够认识到保险文化建设的重要性，能够将保险文化建设纳入企业的日常管理工作当中。但一些保险企业的文化建设缺乏有效的运行机制，没有形成长期的发展目标及规划，缺少专门的部门负责企业文化建设，保险文化建设工作在各部门间没有形成体系，各部门之间缺乏沟通协调。另外，在保险文化建设过程中，没有充分发挥监管部门、企业主体和社会团体的联动作用，不利于文化建设过程中各方资源的整合。

（3）保险文化建设缺乏特色。

当前，保险文化建设存在的一个突出问题就是缺乏特色。各家保险企业虽然采取了一定手段宣传建设企业文化，但各家企业的创新力不足，文化建设方式单一，有的企业仅仅将文化建设停留在表面，无法与企业的发展相适应。另外，一些保险企业虽然认识到了文化建设的重要性，但由于创新思维受限，文化建设无法形成系统的体系，企业文化缺乏特色，严重制约了企业的发展。如果保险企业不加大文化创新的力度，长此以往下去，保险行业将会落后于其他行业。因此，创新保险文化建设对保险行业来说显得尤为重要。

（4）忽视保险从业人员对保险文化的宣导作用，缺乏良好的外部环境。

保险从业人员作为社会公众与保险企业接触的第一道窗口，代表的是企业的形象。一些保险销售人员，为了追逐自身的利益而忽视保险消费者的利益，误导消费者购买一些不符合自身需要的保险产品或者没能将保险产品的保障功能和注意事项如实告知消费者，从而引发消费者对保险公司乃至保险行业的质疑。另外，一些保险企业为了节约成本，在企业形象宣导方面投入力度不足。保险企业的外部宣传多停留在保险知识和保险产品层面，对保险文化的宣导少之又少，因而社会公众对保险企业文化乃至保险行业文化无法形成一个整体的认识，不利于保险企业乃至整个保险行业良好形象的树立。

4 借鉴西方保险文化建设的经验

4.1 注重客户服务文化培养

西北相互人寿保险公司在美国是一家非常受尊重的公司，该公司始终注重

保单持有者的利益，不断优化公司的经营服务理念，将客户服务文化培养作为公司保险文化建设的重要组成部分，这种做法使西北相互人寿保险公司在美国赢得了良好的口碑及客户的信任；美国的 USAA 保险公司是一家提供汽车保险业务的公司，公司成立之初忽视了客户服务文化建设，因而在几十年的发展过程中没有取得突出的业绩，但在之后的发展过程中，USAA 不断调整，将“客户价值第一”作为公司的核心文化，不仅使客户感受到了良好的服务，而且树立了公司的良好形象。

4.2　健全保险诚信体系

西方国家经过多年的发展，已经建立了非常完善的保险诚信体系，保险从业人员的职业行为会被纳入其个人诚信记录，从而在法律层面对从业人员的职业行为进行约束，这也是西方国家能够建立长效的现代保险机制的重要原因。这种诚信体系建设值得我们借鉴。

5　加强吉林省保险文化建设的对策建议

5.1　深化对保险文化的认识，推动保险文化的传播

加强保险文化建设，首先要深化对保险文化的认识。保险企业要让所有企业员工都认识到保险文化建设的重要性。保险企业通过学习讨论、晨会宣导等多种形式加强保险从业人员对保险文化的认识，提升保险企业的服务意识，减少投诉事件的产生，树立保险企业的良好形象。

同时，监管主体要联合各方力量，继续推进完善吉林省保险业诚信体系建设，加强保险消费者教育，普及保险知识，推动保险文化的传播。

5.2　建设有特色的保险文化

创新是企业发展的动力，文化是企业的核心价值，不断加强保险文化的创新对保险企业的发展尤为重要。当前，企业要建设有特色的企业保险文化，就要结合企业自身的发展需要，走出一条有特色的文化建设之路。

由于每家企业都具有自身独特的个性，所以在保险文化的建设过程中要遵循企业的发展特点，在此基础上借鉴国外先进的保险文化建设经验以及同行业不同地区及其他行业的优秀文化，集百家之长，拓宽保险企业文化建设的渠道，不断提升吉林省保险企业形象，增强保险企业的市场竞争力。

5.3 贯彻“以人为本”的宗旨

加强保险文化建设，要时刻贯彻“以人为本”的宗旨。这里的“以人为本”要关注两方面内容。一是要将客户的利益贯穿于保险服务的全过程中。从前期的拜访客户、促成客户投保到保单的维护、理赔服务以及保费的收取、增值服务等，要时刻关注客户的利益，发挥保险的保障功能，真正做到以客户为中心，使保险服务得到客户的认同。二是保险企业要注重企业员工的培养，关注员工的成长，不断提高员工的业务水平，让员工在工作中认可自身的价值，使保险行业得到保险企业员工的认同。保险企业员工只有认可保险行业的价值，才能不断提高保险服务的质量和水平，进而能够更好地为客户服务，形成一种良性的循环，对保险文化建设起到促进作用。

5.4 充分发挥各方主体的联动作用

作为一项长期的系统工程，保险文化建设需要整合行业资源，发挥监管部门、保险企业、社会团体、高校及新闻媒体等多方的联动作用，利用多种渠道和平台共同推进保险文化建设，从而实现文化建设的最优效果。

行业监管部门要起到统筹全局的作用，为文化建设制定行之有效的发展规划；同时，要发挥好协调和督促职能，引领行业文化进步。保险企业要结合自身的经营特点，将文化建设融入企业的管理当中，并借鉴其他行业优秀的企业文化，发展适合自身的文化建设之路。保险学会、协会等团体要联合高校积极参与保险文化建设，发挥自身优势，为地方保险文化建设贡献力量。新闻媒体要起到积极的宣导作用，客观地向社会群众普及风险和保险知识，加大保险在社会中的影响力，使广大人民群众意识到保险在生活中的重要意义。

5.5 提高保险从业人员的素质

保险业属于知识密集型行业，是否拥有一支熟悉和掌握保险知识、具备专业技术和丰富经验的专业人才队伍直接关系保险行业能否成长与发展。一些缺乏保险知识、自身能力不足的业务人员，很可能发生销售误导，引发投诉事件。因此，提高从业人员的整体素质、使其树立正确的核心价值观对保险文化建设至关重要。保险企业，一方面要加强从业人员专业知识的培养，提升从业人员的专业水平；另一方面要注重从业人员职业道德素养的培养，培养能够代表企业文化的优秀人才。

参考文献

［1］朱进元．推进保险文化建设［J］．中国金融，2012（5）：20.

［2］李少芳．论保险行业文化的发展与建设［J］．保险研究，2008（5）：27.

［3］仝春建．加强保险文化建设　构建行业核心价值体系：中国保险文化建设推进会发言摘要［N］．中国保险报，2011-12-08（5）.

第二次世界大战后日本金融制度的变迁及对中国的启示

黄星月
（长春金融高等专科学校金融学院，吉林长春，130028）

摘　　要： 银行主导型金融体系的确立对日本经济的重要影响见于第二次世界大战后日本金融制度的变迁。以间接金融为主的金融发展战略对战后日本经济的迅速恢复和发展发挥了重要的作用，但由于政府的过分干预而限制了同业竞争，最终导致了金融业的惰性发展，为20世纪90年代危机的产生埋下了伏笔。分析日本金融制度改革过程中的得与失，对中国具有借鉴意义。中国的金融体制改革要立足于本国国情，以金融自由化为出发点，在加快市场化改革的同时完善监管体系，推动经济的可持续发展。

关 键 词： 金融制度　直接金融　间接金融　金融体制改革

收稿日期： 2016 - 01 - 06

基金项目： 吉林省金融文化研究中心基地课题（2016JZ003）

作者简介： 黄星月（1988—），女，吉林长春人，长春金融高等专科学校金融学院助教。

第二次世界大战以后，日本经济飞速发展，以9%的年均增速创造了经济增长的奇迹，直到1973年日本经济增长率骤然下降到4%，宣告了奇迹的终止。战后日本经济增长奇迹出现的重要原因之一就是，日本基于当时的国情对金融制度进行了恰当的调整和变革，确立了以银行为主导、以间接融资为主的金融体系，并建立了银企之间的稳定联系，从而使得日本经济在战后得以迅速恢复和发展。但由于长久以来过分依赖间接金融，从20世纪70年代开始，日本金融体系暗藏的问题逐渐暴露出来，金融风险增大。日本金融制度改革的得与失给中国提供了启示和借鉴意义，中国金融体制改革必须同时面向金融自由化和金融深化两个方向，建立适合国情的改革体制。

1 战后日本金融制度变迁的过程

1.1 初创阶段：发展政策性金融，重塑银企关系

19世纪60年代，由于不堪忍受幕府的统治和外来侵略者的压迫，日本进行了第一次资产阶级改革——明治维新运动。由于缺乏资本的原始积累，新生的资本主义企业迫切需要资金支持，由此便诞生了优先发展资本主义银行的战略措施。当时的日本银行是政府扶植起来的傀儡银行，其原始资本来自将官俸公债化，这种手段木身就带有浓厚的封建色彩，其先天不足决定了这种银行必然需要政府的大量输血来支撑其发展。而随着第二次世界大战的爆发，日本经济在战争中遭受了沉重打击，民族工商业遭到严重摧残，金融机构纷纷倒闭，明治时期积累的财富几乎被消耗殆尽。1946年日本工矿业的生产能力不到1936年的三成，而农业的生产能力也只有七成左右（见表1）。战后，日本经济面临着严重危机。

表 1　　第二次世界大战前后日本生产能力指数

年份	1935	1936	1945	1946	1947
工矿业生产能力指数	28.7	32.3	20.5	9.1	11.3
农业生产能力指数	98.4	108.3	65.5	78.2	80.1

在这样的背景下，日本当局意识到要想恢复和发展日本经济，关键是解决资金的供给问题，优先发展金融业才能够带动其他产业的发展。为了重振实业，日本政府首先选择了那些大型工业企业，这些企业的生产经营往往需要庞大的固定资产投资，仅仅依赖当时的民间金融是远远不够的，只有增加政策性金融的扶持才能满足企业发展的资金需求。因此，日本从 1946 年开始陆续成立了复兴金融公库、国民金融公库、住宅金融公库、进出口银行、国家开发银行等政策性金融机构，同时增设商业银行。为了强化银行对企业的支撑作用，日本政府还颁布了一系列政策来促进银企合作，并建立了所谓的“主银行制度”，即将一些重要的企业和特定的银行相搭配，使银企之间形成一种稳定的互动式关系，主银行为对应的企业提供资金支持，银企双方还可以通过互持股票来强化这种联系。这种“主银行制度”成功打造了政府、银行和企业的“铁三角”关系，企业的发展依靠银行来输血、造血，而银行处在政府的庇佑之下。可以说，正是政府强有力的干预才为第二次世界大战后日本间接金融主导地位的确立奠定了深厚的基础。

1.2　发展阶段：打造银行业的发展基础，确立银行主导型间接金融体系

从 20 世纪 50 年代开始，日本政府不断完善以银行为主体的金融体系，通过政策的颁布来打造银行业的发展基础，逐步确立了间接金融的主导地位。在这一阶段，日本的工商企业不再单纯依赖政策性金融的扶持，商业金融也开始发挥作用。日本政府颁布了一系列配套政策来扶持银行业的发展，如规定存款利率的上限，扩大存贷利差来保证银行的利润空间；实施外汇管制，减少汇率波动对本国银行的冲击；等等。据统计，在 20 世纪 60 年代到 70 年代，日本工商企业进行的固定资产投资总额高达 145 万亿日元，其中间接融资的比例占到了 90% 以上。

从社会历史背景来看，日本银行主导型金融体系的确立有其必然性，战后经济重建对资金的迫切需求与资金供给的严重短缺之间的矛盾就是促使这种金

融体系形成的主要原因。可以说，以银行业为主的间接金融体系的确立对战后日本重振实业至关重要，也对日本经济的迅速恢复和发展起到了积极的作用；但从长远来看，这种金融体系在一定程度上限制了银行间的竞争，也为银行业的持续健康发展埋下了隐患。

1.3 转型阶段：调整与改革，向直接金融迈进

20世纪70年代，国际金融体系发生了巨大的变化，随着国际石油危机的爆发和布雷顿森林体系的瓦解，日本的金融机构也受到了冲击。1973年，日本的经济增长率骤然下降到4%，战后创造的经济增长奇迹戛然而止，日本经济从此进入了低速增长阶段。此时，阻碍日本经济增长的主要原因已不再是资金的短缺，而是僵化的金融管制，社会上要求日本推行金融自由化的呼声越来越高，客观上迫使日本政府不得不改革原有的金融制度，向直接金融转型。

为了刺激经济发展，日本政府选择了通过发行国债的方式来扩大财政支出。从表2中可以看出，日本的国债余额在1970—1985年大幅增加，财政对国债的依存度上升。与此同时，其他种类的债券也纷纷出现。债券的广泛发行使得日本开始由间接金融向直接金融迈进。20世纪70年代后期，在金融自由化的影响下，日本进行了中长期国债利率的市场化改革，并且规定中长期国债的持有期限为1年，期满后可出售。这一规定彻底打破了银行业和证券业之间长久以来存在的壁垒，打开了日本的金融自由化之门。可以说，债券的发行提高了直接金融在日本金融结构中的比重，为金融制度的转变奠定了基础。

表2 日本国债的发行 单位：亿日元

年份	1970	1975	1980	1985
国债余额	28112	149731	705089	1345895
财政对国债的依存度	4.2	25.3	32.6	23.4

1.4 变革阶段：危机的显露与“金融大爆炸”的出现

20世纪80年代以后，金融自由化的浪潮促使日本对金融市场利率和汇率的管制不断放松，银行业的竞争日益激烈，“银行不倒”的神话渐渐消失。为了争取利润，银行不得不放弃传统的分业经营模式，与保险、证券等行业的联系越来越紧密。这种混业经营的模式导致日本的金融结构更加向直接金融的方

向倾斜；但遗憾的是，日本金融结构的调整步伐显然滞后了，并且在调整的过程中忽视了金融监管。因此，这样的改变没有明显促进经济的增长。日本的经济增长长期依靠出口带动，这导致了内需不足和国内实业的空心化。而此时的银行为了追逐利润，将多数信贷配给给了房地产产业，20 世纪 90 年代日本的房地产泡沫破裂，一夜之间，大量不良贷款的出现成了银行业的噩梦，日本经济又一次面临着崩溃。

20 世纪 90 年代中期，日本政府试图通过变革的方法来摆脱萧条，遂提出了全面的金融改革方案。因此次改革的力度前所未有，超过了日本历史上的任何一次金融改革，所以这次改革又被称作“金融大爆炸”。“金融大爆炸”的改革目标是市场化改革和处置不良贷款。在市场化改革方面，日本政府的目标是把东京打造成像伦敦、纽约那样自由、开放的国际金融市场；而在处置不良贷款的问题上则更多地借助于政府的公共资金来发挥作用。

“金融大爆炸”看似是一次对日本金融结构的彻底的变革，但并未从根本上铲除日本金融体系长期以来存在的桎梏，日本的经济增长再也没能回到 1973 年前的水平，要实现真正的经济振兴还有很长的路要走。

2 日本金融制度变迁的影响

2.1 日本金融制度的变迁对日本银行业的影响

第二次世界大战以后，日本金融制度的变迁其实就是从间接金融向直接金融转变的过程。战后初期，由于社会生产资金的严重短缺，日本迫切需要找到有效的融资渠道来解决工业生产问题，以间接金融为主的金融体系的确立适合于当时日本货币政策工具不健全和需要人为管制的客观实际，而作为间接金融主体的银行也是当时资本主义国家实现资本积累的最佳手段。为了保护刚刚起步的银行业，日本政府颁布了一系列政策措施，比如，通过利率管制来限制竞争，向银行提供贷款和补贴来支撑其发展，加强银行与企业之间的联系来解决信息不对称问题，等等。这些措施帮助银行业极大地降低了风险，使得日本的商业银行逐渐成长了起来。

20 世纪 70 年代，在金融自由化浪潮的影响下，银行、保险、证券业之间的界限被打破了，银行开始由分业经营模式向混业经营模式过渡。这一时期也是日本银行业快速发展的黄金时期。在政府的长期扶持下，一些日本银行快速

成长了起来，并开始在国际上崭露头角，这也首次打破了国际金融领域欧美银行几百年来独大的垄断局面。

政府长期以来的保护使银行逐渐变成了“温室里的花朵”，同时产生了一种惰性，以至于此后对于不断变化的经济形势，日本银行并未做出及时的调整，金融体系中蕴含的危机逐渐显露了出来。20 世纪 70 年代末期，日本的经济已经由资金不足转为资金过剩。此时，主银行制度下银行与企业之间的联系开始倒挂，企业拥有越来越多的话语权，原本的互相监督变为了银行对企业的过分依赖和纵容，商业银行经营决策的独立性受到了巨大的干扰。

20 世纪 90 年代，房地产泡沫破裂，引发了严重的经济萧条，日本银行业暗藏的问题终于爆发了出来。一夜之间，大量不良贷款的出现导致银行业全面陷入困境。日本政府试图通过变革金融结构的方式来恢复经济，重新激发金融业的活力，于是就有了“金融大爆炸”。此次改革由于种种原因效果并不明显，但仍然是日本政府转变金融体制、促进金融自由化的一次有益尝试。

通过上述事实，我们可以清楚地看到日本金融制度的变革是如何对银行业产生影响的。

2.2 日本金融制度的变迁对日本经济的影响

第二次世界大战以后，世界主要资本主义国家所确立的金融制度主要有两种类型：市场主导制和银行主导制。英国、美国是倡导市场主导制的代表国家，而日本、德国则选择了银行主导制。以银行为主导的间接金融体系的确立，对于战后日本有效配置稀缺资源、迅速恢复和发展经济发挥了巨大的作用。

为了恢复和发展经济，日本政府在第二次世界大战以后确立了优先发展重工业的战略方针，然而，资金的严重匮乏与重工业企业投资规模大、建设周期长的资金需求特点形成了严重的矛盾。日本当时的民间资本积累水平较差，企业自有资本率极低，仅仅依靠民间资本进行设备投资远远不能满足企业发展的资金需求，因此建立稳定的外部融资渠道迫在眉睫。由于市场主导型金融制度的建立需要发达的资本市场和健全的法律体系、有效的监管体制来支撑，而在日本经济恢复的初期，政府没有这个能力来创建健全的法律体系和有效的监管体制。因此，日本政府选择了创建以银行为主导的间接金融体系，并建立了“主银行制度”，保证了政府、企业和银行之间的稳定联系，使银行逐步承担起了为产业输血、造血的职能。在政府的帮助下，日本的银行为企业提供了大量的低成本资金支持（见表3）。由此可见，以银行为主导的间接金融体系的建立对于战后初期日本经济的迅速恢复和发展发挥了重要的作用。

表3　　第二次世界大战后日本企业资金来源构成比例　　单位：%

年份	股票	债券	银行	其他
1946—1950	13.0	3.5	72.4	11.0
1951—1955	14.1	3.8	71.9	10.2
1956—1960	14.2	4.7	73.0	8.1
1961—1965	16.2	4.4	73.0	6.5
1966—1970	6.8	3.1	81.2	9.0

20世纪70年代中期以后，日本的经济形势发生了变化，开始由资金不足型向资金过剩型转变，信息不足取代了资金不足成为制约日本经济发展的主要因素。此时，日本的产业、技术发展已经进入了一个新的阶段；而相比之下，日本金融制度的改革显然滞后了。在间接金融体系中处于主导地位的银行更善于处理标准化的信息，而不善于处理带有不确定性以及创新性的信息。在日本经济发展的初期，银行获得的信息都是与之联系密切的企业的信息，但随着新技术、新产业的出现，信息不足使得银行业渐渐开始无法适应新经济的发展需求。从20世纪70年代中期开始，一些成长起来的大企业逐渐脱离银行转向资本市场寻求更广泛的资金支持，而新成立的中小企业由于无法提供标准化的信息，也被限制了从银行获得贷款的能力。在这一阶段，以银行为主导的间接金融体系对于促进日本经济增长的局限性开始显露出来，经济形势的变化正在倒逼日本金融制度向直接金融的方向转变。由此可见，金融制度的变迁一方面影响着日本经济的发展，另一方面又受制于经济的变化。

3　日本金融制度的变迁对中国的启示和借鉴意义

第二次世界大战后，日本的金融制度经历了复杂的变迁过程，从最初政策性银行的建立，到主银行制度下银行对企业的强大支配权，再到鼓励债券的发行，以及倡导间接金融向直接金融转变。日本金融制度的屡次变革均是为了适

应本国国情，但其效果却有好有坏，且长期以来金融制度的过分僵化和惰性发展也是造成日本金融体系出现种种问题的重要原因。在经济朝着全球化发展的时代，日本金融制度变革中的得与失都为中国的金融体制改革提供了很大的借鉴意义。

3.1 以金融自由化为出发点，加快市场化改革的步伐

日本政府在20世纪70年代后期也曾积极促进金融自由化改革，并进行了金融制度的调整，但因调整的滞后和疏于监管终究导致了20世纪90年代的全国性经济危机，并由此诞生了“金融大爆炸”。从日本的经验与教训中可以看出，金融改革必须顺应国际发展的潮流和趋势，以金融自由化为出发点，加快市场化改革的步伐。

在中国的金融体制改革过程中，金融自由化是不可或缺的一环。金融自由化意味着金融创新和市场化两层含义。金融创新是促进金融向前发展的主要推动力。从20世纪90年代开始，国际市场上接二连三地诞生了各种各样的创新型金融工具，这些工具极大地改变了传统金融市场的面貌。金融自由化还意味着减少政府的干预，加强市场的主导作用。目前，发展中国家存在的一个普遍问题就是政府对经济控制过多，对某些企业给予补贴或贷款优惠，对另一些企业却增加税收、限制发展。除此之外，政府对经济的过多干预还会导致寻租现象的出现，有的政府利用金融部门筹集资金，使得经济增速放缓。由此可见，金融体制改革必须要以金融自由化为出发点，但也要遵循适度的原则，不能走入过分虚拟、过分衍生的误区，以致金融脱离了实体经济而形成繁荣的假象。

3.2 提高银行业的竞争力，完善监管机制

第二次世界大战后，日本建立的“主银行制度”确定了银行和企业之间的紧密关系，银行依靠这种关系型融资降低了风险，企业也获得了稳定的资金来源。但是，政府的过分保护和竞争的缺乏使得日本的银行业成了“温室的花朵”。20世纪90年代房地产泡沫破裂，日本政府不得不通过彻底的结构性变革来重塑金融体系。

在中国同样存在着类似的现象。长期以来，国有银行始终占据着主导地位，银行同业之间的竞争受到严重限制，导致银行业效率低下且改革缓慢。只有加强同业之间的竞争才能提升银行业的经营管理水平。与此同时，我们还应注意到，日本银行业在20世纪90年代出现危机的原因之一是在金融制度转型

的过程中忽视了必要的金融监管。中国的金融体制改革要吸取日本的教训，在促进同业竞争的同时，要建立与之配套的监管机制来控制风险。

3.3 立足于国情，制定长期的发展战略

战后日本金融制度的确立与变革，很大程度上是在特定的国情和金融环境下的必然选择，适合当时日本的经济环境，对于战后日本经济的迅速恢复和发展发挥了重要的作用。

如今，中国的金融体制改革已经走过了30多年的历程，渐渐形成了以市场化为特征的间接金融调控体系，并在逐步向直接金融调控体系转型。然而，创新型中小企业融资难的问题依然是当前中国金融体系中面临的一个主要难题，无论是间接金融还是直接金融，都无法向中小企业提供足够的资金支持，这对我国经济结构转型和经济增速提升都带来了不利影响。由此可见，拓宽融资渠道是当前我国金融体制转型中的客观要求，也是符合我国现阶段国情的现实需要。只有完善金融体系的资源配置功能，通过宏观调控调动金融资源更多地流入资金短缺的中小企业，才能提高金融效率，实现经济的全面快速发展。

日本的金融制度改革虽然遭遇了挫折，但始终没有停下改革的步伐，尽管至今还未完全摆脱困境，但日本的金融体系正在一步步走向复兴。相比之下，中国金融体系的改革与完善还任重而道远，所以应立足于现阶段的国情，制定长期发展战略，提高金融自由化和市场化水平，最终实现经济的可持续发展。

参考文献

[1] 郑蔚，王思慧．战后日本金融制度变迁与转型：一个制度金融学的考察［J］．现代日本经济，2014（1）：18－27.

[2] 白钦先，张磊．战后日本金融结构变迁：影响及对中国的借鉴意义［J］．哈尔滨工业大学学报（社会科学版），2014（1）：102－109.

[3] 刘静．战后日本金融改革的思考［J］．长春金融高等专科学校学报，2014（5）：31－35.

[4] 戴晓芙，刘舫．日本金融改革的性质及其效果分析［J］．现代日本经济，2011（3）：1－10.

［5］刘红．日本的经济发展与金融制度变迁［J］．日本学刊，2006（6）：94－104.

［6］白钦先．历史的审视与现实的思考：近百余年来经济与社会发展中的日本金融［J］．日本学刊，1996（6）：1－12.

［7］陶涛．日本银行制度研究综述［J］．世界经济，2000（3）：59－61.

［8］阎坤．日本金融研究［M］．北京：经济管理出版社，1996.

［9］袁英华．战后日本政策金融研究［D］．长春：吉林大学，2008.